物流エコノミスト・日本大学教授
鈴木邦成

J-REITは「物流」で儲けなさい!

少額からの不動産への分散投資で安定した「賃料収入」!

玄文社

目次

第4章 物流リートの有力企業の事業展開

第9章　戦略ウエアハウスの基本知識

はじめに

日本経済のインフレ懸念が強まるなか、株や国債、不動産などに投資をして、資産を増やしていこうという人が増えています。日本経済はデフレスパイラルから抜け出し、物価も上昇軌道に入りましたが、それでも銀行の預金金利は相変わらずの低空飛行です。

しかし、だからといって、一か八かで思い切った投資をしたいと考える人は少ないでしょう。多くの人は「デイトレやＦＸに手を染めるのは怖い」と考えるでしょう。

「毎日、相場を気に掛けるほど、投資に没頭はしたくないが、軽い気分で、できればほったらかしのままで資産を増やしていきたい」といった、ある意味、都合のよい資産運用を考えるはずです。

仕事や育児に追われる多くの人たちにとって、投資を生活の中心に据えるのは難しいことでしょうから、「なんとか、資産を手間をかけずに増やしたい」と考えるのはきわめて普通のことなのです。

そしてそうした軽い投資で片手間でちょっと儲けてみたいという人に打ってつけなのがＪ－ＲＥＩＴ（日本版不動産投資信託）です。

ＲＥＩＴ（リート）とは、不動産投資信託のことで、Real Estate Investment Trust の略称です。Ｊ－ＲＥＩＴはその日本版で、投資家は不動産を投資対象とした投資証券を購入することで出資することができます。10万円程度の少額から投資が可能で、運用や管理に携わることなく、現物不動産投資に比べて気軽に出資することができます。

ただそれでも、「地価高騰や下落などの変化が激しい不動産市場で確実に儲けられるかわからない」と投資に足踏みする人も少なくないと思います。

そこで本書では、J－REIT投資の入り口として、安定性が高い物流特化型リートについて、昨今の物流施設建設ブームなどの背景、バックグラウンドや有望銘柄などについて、くわしく解説していきます。


少子高齢化社会が進展し、あらゆる産業で労働力不足が深刻化しています。特に物流業界では、近い将来、トラックドライバーが大幅に足りなくなることを不安視する声も大きく、問題が深刻化しています。

しかしながら、ネット通販（EC）市場の拡大などもあり、物流の役割はますます重要性を増しています。「ロジスティクス」という言葉も、企業の浮沈のカギを握るようになってきています。

ところが、物流業界においては、労働市場としての魅力と企業経営における重要度のバランスが取れていないことが大きな問題となっています。この問題に向き合わなければ、物流業界が抱える問題は解決できません。

その一方で、物流業界が抱える問題を象徴するかのように、近年、物流施設開発が注目を集めています。

EC市場の拡大に伴い、巨大物流施設の需要も高まっています。さらにいえば物流施設開発市場の拡大は、都市計画や地域活性化にも大きな影響を与えています。

一見、専門性が高く、一般の方にはなじみのない不動産物件に思える物流施設ですが、金融業界や不動産業界、機関投資家、個人投資家などの注目を集めているのです。

J－REITでも、物流施設を取り扱う優良銘柄としてあげられ、その人気はますます高まっています。

物流施設の魅力は、高い収益性という点にあります。物流倉庫がデベロッパーにより開発され、ファンド化されたり、J‐REIT銘柄のポートフォリオに組み込まれたりして、高利回りをつけています。そして高利回りを目的に関連用地の買収や大型物流施設の建設が相次いでいます。

加えて大型物流施設の建設は、地域活性化やスマートシティ構想とのリンクなど、都市計画のマスタープラン策定にも大きな影響を与えています。「物流不動産」は新たな投資の潮流を巻き起こしているのです。

同時に「物流施設」に、物流業界に詳しくなくても魅力を感じる人が続出しています。将棋に興味がなくても藤井聡太棋士の「将棋めし」や対局の合間のおやつがTVニュースで放映されるのにも似ているかもしれません。

ところで、物流施設をファンド化したり、J‐REITに組み込んだりするというアイデアに対して、不動産の専門家たちは当初は否定的でした。オフィスビル商業施設を取り扱うのが不動産投資信託の王道とされており、物流施設を対象とすることは特殊なケースと考えられてきました。

しかし、不動産金融の専門家たちの見通しは大きく外れました。物流施設市場は、低コストでのファンド組成と予想を超える高利回りによって、急速に成長を遂げているのです。

本書では、先進的大型物流施設に関わるビジネス環境をわかりやすく説明していきます。そして相次ぐ物流施設の建設がどのようにビジネス界全般や地域社会に影響を与えているかをていねいに解説していきます。あわせて、これまで「株はともかくJ‐REIT銘柄への投資はハードルが高い」と考えてきた方が「物流施設特化型リート」を切り口に不動産投資信託の入り口のドアを叩けるように、J‐REITのしくみや銘柄の特徴を物流施設開発を切り口として紹介しています。

本書の構成は次のようになっています。

第1章「倉庫ができれば地価が上がる!」では、物流不動産がどのように生まれ、成長し、物流業界や地域経済に与える影響を解説します。一見すると専門的で理解しづらい物流不動産のビジネスモデルも、どのような背景や要因があってここまで発展してきたのかを明らかにし、関心の高まる都市近郊にしか存在しない物流不動産の価値とは何かを解説します。

さらに、ネット通販市場の急成長に伴い、大型物流センターが欠かせなくなっていることを解説します。アマゾンや楽天などの大手通販企業が物流不動産に注目し、自社物件もありますが、多くの場合、物流ファンドによって建設されているのです。そして、コロナ禍でのネット通販市場の拡大により、物流不動産ビジネスはますます注目を集め、安定した成長を続けています。

第2章「物流施設への投資で儲かるJ－REITのしくみとメリット」では、注目を集めるJ－REIT市場の重要性について、物流施設特化型リートの視点から解説します。NISAなどで「ほったらかし投資」をする場合でも、物流施設がポートフォリオに組み込まれているJ－REIT銘柄に投資することで効果を上げることができます。

第3章「押さえておきたいJ－REITの用途別の特徴」では、用途別に異なるリートの特性を解説します。物流施設特化型リート以外のオフィスビル特化型や住居特化型、さらには米国リートのトレンドについても紹介します。

第4章「物流リートの有力企業の事業展開」では物流施設をポートフォリオに組み込むJ－REIT運営法人や物流デベロッパーなどのスポンサー企業を紹介します。物流特化型リートも銘柄ごとの運営方針やポートフォリオの性質の違いなどを把握しておくことで、効果的な投資戦略を練り上げることができるはずです。

第5章「日本中が倉庫だらけで物流不動産は過剰供給となるのか？」では、ますます増加する物流施設開発について、これまでの経緯を紹介し、解説し、今後の行方を考えていきます。当面は市場拡大が続く物流施設開発がはたして、大暴落のXデーを迎えるかどうかが大きな焦点となっているのです。

第6章「物流不動産ビジネスの行方　まだまだ拡大する物流不動産投資信託」では、物流施設開発におけるこれからの課題、さらに付加されることになりそうな機能や役割を紹介します。環境負荷の低減を念頭においた物流施設のグリーン化や日本式の先進物流施設の海外進出、あるいは近年、注目度を高めるコールドチェーンをサポートする冷凍冷蔵倉庫のファンド化、J－REIT銘柄のポートフォリオへの組み込みなどが期待を集めています。

第7章「投資のタイミングで変わる成果」では、J－REITへの投資における重要指標や投資のポイントについて整理、解説しています。物流特化型リートなどへの投資に当たり、どのような指標をどのような視点から分析、検討すればよいのかを株式投資などとの比較も交えながら解説します。本章を通じて、物流特化型リートなどへの投資を考える場合の一助になれば幸いです。

第8章「経済学の視点から見た不動産投資」では、インフレ懸念、燃料費高騰、円安傾向が強まるなかで、土地やJ－REITがインフレヘッジの有力な選択肢として浮上していることをふまえて、物流施設などの工業用地、物流適地への投資の経済学的な意味を解説します。通常は、地価高騰といえば住宅地や商業地がその引き金となるのですが、昨今の日本では「物流施設用地が地価高騰の引き金となる可能性がある」というきわめて特異な状況が発生しているのです。

第9章「戦略ウエアハウスの基本知識」では、やや専門的になりますが、物流実務の視点から先進的物流施設開発のニーズ、背景を知るうえので基本知識を紹介します。あわせて先進的物流施設に求められる基本的な考え方や機能についても解説し、実務のイメージに結びつくような改善事例を紹介します。

なお、本書では物流施設、倉庫、物流センター、物流拠点という4つの似ている概念を使い分けて解説します。不動産の視点から解説する場合と、物流の視点から解説する場合では表現が異なるからです。また、物流施設などの物流に関連する不動産を「物流不動産」と呼ぶことにします。

物流施設とは不動産用語で、商業施設、住居施設など、不動産の用途からの専門語になります。倉庫、物流センターは物流施設に含まれることになります。

物流センター、ロジスティクスセンター、配送センター、フルフィルメントセンターなど、多様な名称が付けられている物流施設はいずれも物流用語では「倉庫」の範ちゅうに入ります。

とくに厳密な定義はせずに業界の慣行などに従いながら、文脈にあわせて使い分けることにします。

また本書はＪ－ＲＥＩＴと物流施設の関係について言及していますが、あくまで著者自身の考察、分析としての内容です。投資される場合の最終判断は読者の皆さんの自己責任でお願いいたします。


本書を読まれることで、物流不動産、物流施設開発という知られざる大市場が多くの読者の方々にも広く認識され、これからの都市計画や産業構造の変革のなかで、物流・ロジスティクスに関する視野を広めていただければ筆者にとっての望外の喜びといえます。

鈴木邦成

第1章　倉庫ができれば地価が上がる！

この章では、物流不動産、物流施設の開発、建設に関わるホットテーマを取り上げて解説します。大型物流施設の開発はもはや物流業界の限られた関係者だけの関心事に留まらず、大きな社会現象となっています。東京ドーム数個分以上の大規模開発もあり、人流や地価にも大きな影響を及ぼすようになっています。

知られざる巨大ビジネスモデルの表層

21世紀初頭、東京都の木場にファンドによる外資系の大型物流センターが建設されたあたりから物流不動産ビジネスの鼓動が聞こえるようになりました。

現代経営において、物流の重要性が高まるなか、倉庫や物流センターなどの物流不動産が投資物件として注目されるようになってきています。

東京湾岸エリアを車で走ると、木場から市川、浦安、成田に至るラインに、現代的で巨大な物流センターが群を成して無数に立ち並んでいる光景が広がっています。

「倉庫」と聞くと、多くの物品が無造作に置かれているというイメージを持つ人もいるかもしれません。しかし、現代の倉庫は、ロジスティクスの司令塔として重要な役割を担っているのです。

さらにいえば倉庫などの物流施設の巨大化が進み、首都圏、京阪神圏、中部圏、九州地方などに次々と物流センターが建設されています。

しかもこれらの施設は、物流オペレーションを担うだけでなく、そのハードウエア自体がファンドに組み込まれ、投資対象となっているのです。産業空洞化の進む日本国内で、工場の代わりに闊歩しているのが物流センターというわけです。

「モノの家」に人、情報も集まる

倉庫は英語では「ウエアハウス」といいます。「ウエア」というのは、ソフトウエアやハードウエアなどのウエアで「モノ」を意味します。「ハウス」というのはもちろん、「家」のことです。すなわち倉庫とは「モノの家」ということになりますが、これはそのまま日本語の倉庫の意味することにもなります。倉庫とはモノを長期間保管するための建物です。

ところがこの定義が大きく変わってきているのです。

サプライチェーンの発達で、工場はコスト削減、作業効率の向上を徹底させる必要性が出てきました。その結果、たとえば、箱詰め、袋詰めなどの細かい作業は工場では行わず、物流センターで処理されるようになりました。

他方、小売店舗も販売員に値札付けなどに時間を割かせずに、販売活動に集中してもらいたいと考えるようになりました。販売にかかる余計な負担を可能な限り避けたいのです。

すなわち、工場の一部の工程と店舗での一部の作業が押し出され、物流センターに集められるようになったのです。もちろん、そうなると、物流センターは工場や小売店舗と情報システムで緊密にリンクさせなければならなくなります。

こうして物流センターに作業者と情報が集まり始めたのです。「モノの家」であった倉庫は、「モノに加えて、人と情報が集まるサプライチェーンの司令塔」となったのです。

さらにいえば、現代の物流センターというのは「テセウスの船」のようなものです。

「テセウスの船」とは古代ギリシャの故事です。

古代ギリシャでテセウスがクレタ島から戻る際、船の朽ちた部分を新しい材木に適時、取り替えて航海を行いました。その結果、帰還時には船のオリジナルの木材はなくなってしまったのですが、船としての外見は出航以来、目的地に到着するまでまったく変わりませんでした。

相次いで建設される物流施設（画像提供：東京流通センター）

この故事から転じて、ある物体の全ての構成要素が入れ替わったときに「同じ物体」といえるかどうかという問いが生まれました。このテセウスの船の話から、どこか最新の物流センターを連想させられます。

実際、最先端の物流センターのしくみはテセウスの船にとてもよく似ています。

スーパーマーケット、コンビニエンスストアの食品などの物流センターで格納・保管されている物品は一見、いつも同じに見えます。しかし、ほとんどの物品は24時間以上、留まっていることはありません。常にセンター内の物品は流動しているのです。あたかもテセウスの船のように、常に倉庫内の個々の物品それ自体は変わっていくのです。流れる水のように日々、取り扱う個々の物品は変わりますが、それを意識することは普段はないのです。

地価高騰のアクセルとなっている物流不動産

つくばエクスプレスの開業以来、流山市の人口拡大、発達には目覚ましいものがあります。広大な都市開発で流山市は大きく発達しました。流山市の人口は数年以上にわたって右肩上がりで伸

物流施設中心のまちづくり（画像提供：日本GLP）

びています。

その大きな原動力となっているのは相次ぐ大型物流センターの開発、建設です。

流山市に大和ハウス工業が開発した物流タウン「DPL流山プロジェクト」」の4棟の総延べ床面積は約74万平方メートルとなっています。また日本最大級の最先端物流拠点として注目を集める「GLP　ALFALINK流山」の総延床面積は90万平方メートル超となっています。最近の都心の大規模開発事例と比較すると、東京都港区の麻布台ヒルズの延床面積が約86万平方メートルですから、街並み一つが大きく変わるレベルの大開発になります。

物流タウンに建設する施設は物流施設、つまり倉庫です。近年はサプライチェーンの司令塔として「物流センター」と呼ばれることが多くなっています。

物流施設が立ち並ぶのは、流山だけではありません。神奈川県相模原市でも巨大物流施設を中心に据えた、まちづくりが進んでいます。相模原市に日本GLPが開発した「GLP　ALFALINK相模原」も総延床面積は約67万平方メートルに達しています。

さらにいえば、東京都大田区にも、ヤマト運輸の大型物流施設「羽田クロノゲート」が羽田空港をにらむ物流の要衝に建設されています。羽田クロノゲートは、地上6階建て、延床面積は約19万7600平方メートルという国内最大級の物流ターミナルです。

物流施設中心で進むまちづくり

物流施設、物流倉庫というと、かつては過酷な労働環境の現場と考えられました。倉庫内は、保管品がダメージを受けないように直射日光などを避けることが前提となっていましたし、「保管スペースに品物が無造作に置かれている」という前時代的なイメージもなかなか払拭できませんでした。

しかし、最先端の現代の物流施設は従来のイメージとは大きく異なります。作業ミスが多発しないように、倉庫内はLED照明などで明るく照らされていますし、十分なスペースも確保されています。

また、作業スペース以外のエリア、すなわち、更衣室、トイレ、食堂などもホテルや娯楽施設と見間違うほどの立派さです。コンビニやスポーツジムなどが完備していることも少なくありません。

加えて、大型物流施設をまちづくりの中核に据えるという潮流が広がっています。

さきに紹介した流山、相模原などの大規模開発に象徴されるように、ネット通販（EC）市場の伸張などで物流センターは大型化の一途を辿っています。

また、物流施設内で検品、箱詰め、ラベル貼りなどの作業が連日行われていることもあり、それが雇用創出にもつながっています。

実際、超大型物流施設を開発する物流不動産開発企業は施設内の諸設備の充実にきわめて熱心です。シャワー付き更衣室やラウンジ、売店、食堂、託児所など共用スペースを充実させたり、駅から遠い場合にはシャトルバスを発着させたりと、テナントとなる物流企業や荷主企業の雇用確保を積極的にサポートしています。

「都心まで出て、百貨店内のショップで働いても、往復にかかる時間を考えると、割が合わないこともあります。しかし、地元の物流センターで検品作業をするならば、ホテル並みに立派な施設内で、高い時給で働けて、しかも駅からシャトルバスも出ます。食堂も快適だし、スポーツジムや託児所もあるので、職場として申し分ないです」。

流山や相模原で働くパート、アルバイトの方々からはこうした声が聞こえてきます。

近年は超大型物流施設を中核に据えながら商業施設や娯楽施設などを整備するまちづくり的な複合開発を行うデベロッパーが増えてきているのです。

高度成長時代には、工場が誘致されると、その周辺に人が集まり、店舗ができていきました。いわゆる「企業城下町」です。

しかし、工場は円高などの影響を受けて、海外に移転し、企業城下町も勢いを失っていきました。

そこに登場したのが、倉庫、すなわち物流施設です。そして物流施設のイメージは近年、大きく変わりました。倉庫から物流センターへと名称も変わり、いまの物流センターは、サプライチェーンの司令塔となり、最新鋭のホテルも顔負けの設備となっていることも少なくありません。

「物流のため」だけではない大型物流施設

さらにいえば、物流施設に物流以外の用途を複合させる傾向も強まっています。

物流施設に本社機能を設け、サプライチェーンの司令塔としてだけではなく、経営の司令塔としても位置付けられています。

古くは米国の大手流通業、ウォルマートの創業者であるサム・ウォルトン（故人）が同社のアーカンソー州の本社を物流センターに併設したことが知られています。

わが国でもネット通販企業などが相次いで本社機能を物流センター内に移す動きがみられます。一例をあげると、ファーストリテイリングは同社の物流施設の最上層階に本社機能が据えられています。

その他にも物流施設に併設されることで相乗効果を発揮する施設がいくつもあります。すでに併設の事例が報告されている施設、今後併設される可能性のある施設など、考えられ得る代表的なものを次にいくつか紹介します。

①飲食店・コンビニエンスストア

超大型物流施設内にメニュー豊富な大型食堂が設置され、周辺住民に開放されています。複数の食堂を併設した食堂街、飲食街に発展させるという取り組みも増えています。食堂・飲食店街のみならず、コンビニエンスストアなどを充実させています。

②保育施設

女性の労働力に対応するために、保育施設の併設は時代の流れともいえます。天井が高く、広いスペースが確保できる物流施設では、園児が安全安心な環境で自由に遊び回ることができるのです。

③スポーツ施設

スポーツジムなどを併設することで従業員満足を向上できます。ボルダリングのように高い壁が要求される施設も、天井が高く十分なスペースが確保できる物流施設での設置が効果的です。

④バーゲン・セール会場

稼働している物流センター内の不動在庫などを転用すれば、配送コストをかけずにバーゲン・セールを展開できます。売れ残り商品の在庫処分などが行われることもあります。

⑤フォークリフト教習所

物流施設内にフォークリフトの教習所を併設することで免許取得者はすぐに仕事が確保でき、テナント企業は労働力を確保できます。また物流施設で教習を行うことで実務の具体的なイメージが描きやすいというメリットもあります。

⑥英会話教室

従業員向け、周辺住民向けなどだけではなく、保育園と連動させ、幼児の英会話教育の場として活用していくことも視野に入れます。パート、アルバイトなどの庫内作業者は勤務の前後にレッスンを入れることも可能になります。

⑦結婚式場

物流施設が港湾などに接する見晴らしのよいロケーションに立地する場合、結婚式場を設けるという発想もあります。稼働状況が緩やかになる物流施設のオフピークに対応することでスペースの有効活用も可能になるのです。

メリットが多い物流施設起点の地域開発

東京都台場の南の埋立地「中央防波堤」は500ヘクタールの広さの帰属未定地でしたが、2019年に大田区20・7パーセント、江東区79・3パーセントという東京地方裁判所の調停案を両区が受入れて、終結しました。大田区側は「令和島」、江東区側は「海の森」の名のもとに地域開発を展開していくことになります。

都心に提供された最後の大規模未開発地域ということで、その行方が気になるところです。開発にはいくつかの

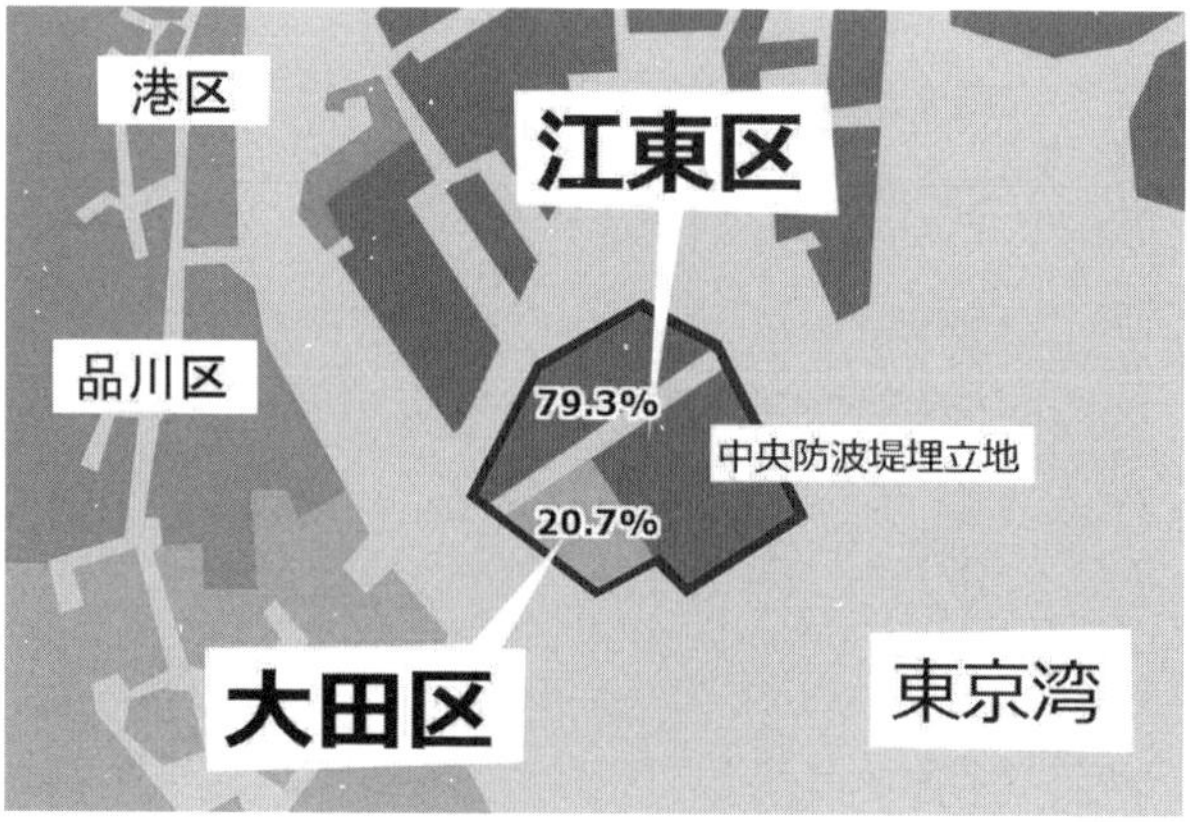

大田区・江東区の「領土争い」

シナリオが用意されることになりますが、ここでも有力視されるのが物流施設を中心に据えた地域開発です。

たとえば、江東区が「海の森」のイメージを増幅させて、レジャー施設、娯楽施設などを軸に開発を進めるとすれば、かなりの長期計画となる可能性が高くなります。レジャー施設、娯楽施設だけあっても、交通機関の誘致やモノレールなどの敷設にも時間がかかります。ショッピングモールやホテルの建設も集客の可能性なども含めて十分なリサーチが必要になってくるでしょう。

しかし、令和島に大型物流施設を誘致するとなれば話は別です。首都圏を網羅する抜群の立地に大型物流施設を建設しても、作業者などは当初はシャトルバスがあれば供給できます。

さらに物流施設にレストランやレジャー施設などを併設すれば、それを起点にまちづくりは飛躍的に進むでしょう。物流施設を地域開発の中核に据えるメリットは計り知れないのです。

またこんなケースもあります。

近年、高齢者、シニア層を中心に地方移住がちょっとしたブームとなっています。都会の雑踏やストレスに疲れ、セカンドライフとしての静かな暮らしを望む人が増えているのです。子どもや孫が遊びに来てリフレッシュできる環境を求める人もいます。

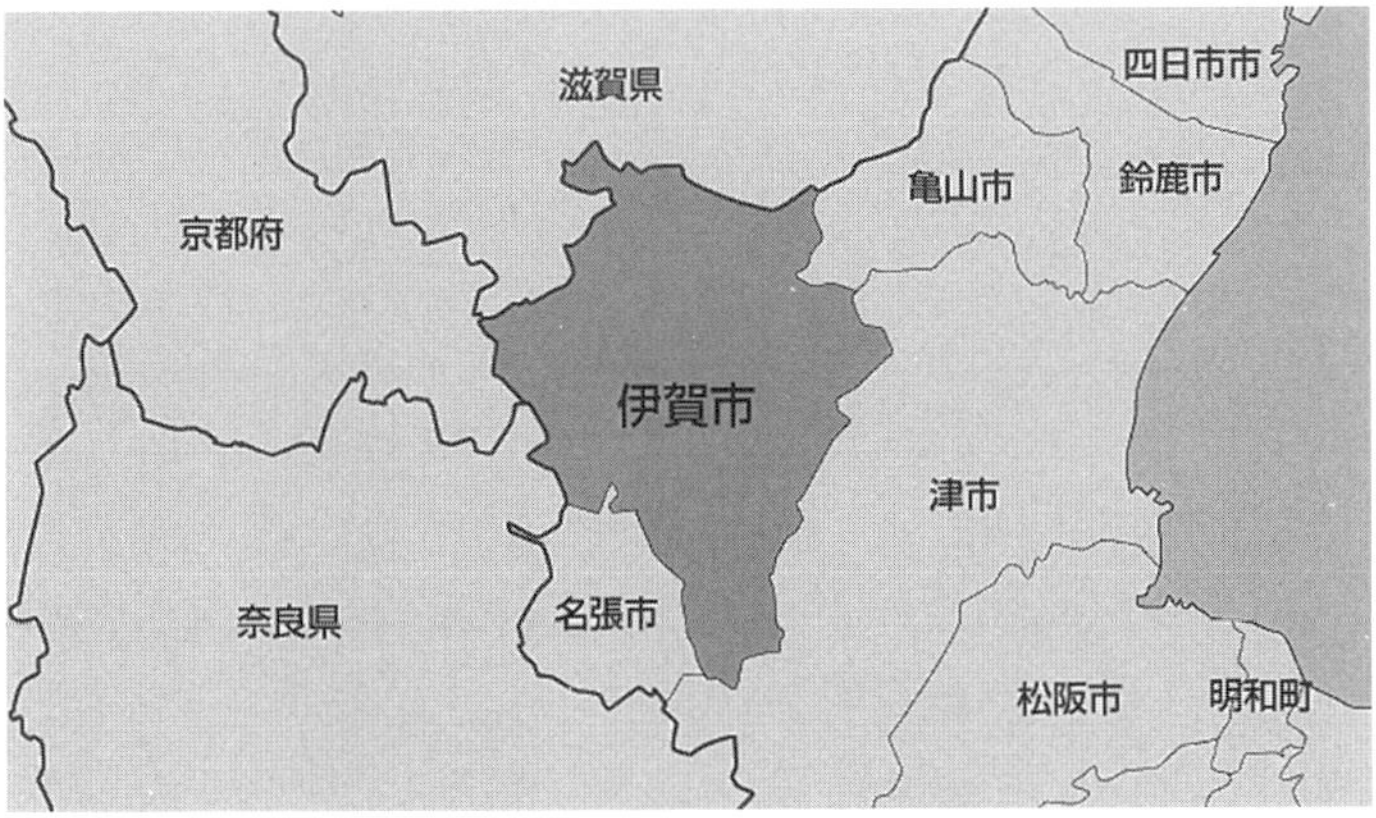

関西へのアクセスもよい伊賀市

しかし、気になるのは仕事があるかどうかです。年金暮らしの場合でもちょっとしたお金が必要になることも多いでしょう。ある程度の雇用環境が用意されている地域が人気となるわけです。

他方、移住を受け入れることになる地方都市としても、シニア層に福利厚生面などの充実をアピールしていく必要性から税収源となるような誘致も必要になります。

そこで注目されているのが物流施設の誘致です。

たとえば、伊賀市は、週刊誌「アエラ」に掲載された「特集・移住しやすい街１１０」で最上位の★★★（全国で23市）クラスの街として選出されています。移住先として注目され、伊賀市の民力総合指数は関西圏・中部圏でトップと分析されています。

そして伊賀市でも、物流団地を造成しての大型物流施設の誘致が計画されています。

伊賀市は京都、奈良、東大阪へのアクセスがよく、名阪国道は名古屋－大阪間の最短のルートであり、伊賀インターを活用すれば、関西圏にも中部圏にもタイムリーな輸送が可能になります。大型物流施設の建設で、雇用創出が可能になればさらに移住先としての魅力も増すことになるのです。

物流団地を増設して、都市開発を発展させた事例として神戸市もあげられます。阪神・淡路大震災の大きな影響を受けた神戸市は、その復興の過程で港湾地区にも内陸地区の「神戸テクノ・ロジスティックパーク」など数多くの企業誘致を行い、復興の原動力としたのです。

とくに東日本大震災以降、「物流拠点は一か所に集約するのではなく、リスクヘッジの意味からも東西2拠点化を推進する必要がある」といった声が高まってきたことを受け、神戸市の物流拠点としての意義が強化されていったのです。

物流施設なくしては、都市開発、まちづくりを語れない時代となってきたのです。

物流不動産市場の拡大とその影響

2000年前後まで日本では倉庫業（営業倉庫業）は厳しい規制に守られていました。倉庫業の免許を取得することは容易ではなく、港湾や地域的な業務規則、港湾荷役や労働者の権利保全などの特殊権益とさまざまな規制が存在していました。そのため新規参入は難しく、業界は安定していたものの、その活性化には限度がありました。けれども各種の制度改革により規制緩和が進むと状況は大きく変わってきました。

たとえば、たんに保管のスペースを提供するだけの「倉庫物件賃貸」は不動産業の一部門と位置づけられていました。管轄も旧運輸省ではなく、旧建設省であり、営業倉庫業とは一線を画していました。

しかし、旧運輸省と旧建設省が一体化され、両者の管轄が国土交通省になったことなどから境界線があいまいになってきました。すなわち倉庫業法における営業行為なのか不動産法によるスペース貸しなのか、はっきりと区別できないケースが増えてきたのです。

さらにいえば物流業界におけるサードパーティロジスティクス（3PL）の発達が物流施設のあり方を大きく変

えてしまいました。

３ＰＬ企業は物流施設を一括して借りて、それを区割りして賃料をとり、同時に仕分け、箱詰め、ラベル貼りといった荷役業務も請け負うというビジネスモデルを構築したのです。しかし、これは伝統的な倉庫会社のビジネスフィールドを大きく侵食することにもなりました。

また、外資系不動産企業を中心に物流施設を事業用物件とする「物流不動産デベロッパー」も有力ビジネスとして認められてきました。多額の資金を物流施設の取得に投資、賃貸してその賃料収益を得るというものです。

物流施設は一般的に立地の関係から土地価格が安く、しかも建設費や管理費もかからないことから高い収益性が保証されています。ユーザー企業との関係も長期にわたり、５年から20年ほど続くケースが多くなります。したがって、定期借家契約を行うことで収益性の高い事業に組み込むことが可能となるわけです。

さらにいえば、分散型の旧型の物流施設から最先端の集約型の大型物流施設へのシフトは加速の方向にあります。消費地に近く、配送コストが下げられる新しい立地での物流施設の空室率はきわめて低くなってきているのです。

加熱する物流施設開発の行方

物流施設を基軸とした地域開発やまちづくりが全国各地で展開されるなか、その流れに警告を発する声も少なからずあります。

「いくらなんでも、物流施設、すなわち倉庫をこれだけあちこちに建設すれば、過剰供給になるのは目に見えているのではないか。物流企業などのテナント企業もこれほど多くの物流施設は必要としていないのではないか」という声です。

しかし、こうした声とは裏腹に大型物流施設の建設、竣工などのプレスリリースは毎日といってよいほどの頻度で流されています。

「物流施設がファンド化され始めた当初は、『首都圏近郊の立地でないとうまくいかないのではないか』といわれました。しかし、すぐに関東近県にまで広がっていきました。それでも関東限定で関西ではうまくいかないだろうともいわれたのですが、関西圏でも活発に物流施設が建設されるようになりました」。

大型物流施設の建設は留まるところを知らないというわけです。

さらに、トラックドライバー不足などの対策としての働き方改革関連法の施行が追い風となっているという指摘もあります。

「たとえば、東京や横浜を大消費地としてその供給先を大型物流施設と考えた場合、千葉県、埼玉県あたりまでが物流拠点立地の限界点といわれました。それよりも離れると、輸送距離も輸送時間もかかります。ところが、圏央道ができて交通アクセスに時間がかからなくなったことに加えて、北関東に拠点を構えて、東北や北陸への輸送も行う流れが出てきました。トラックドライバーが確保しやすいと考えられるようになったからです」。

加えて、トラックドライバー確保の観点から中継拠点を増やして、短距離輸送を増やす「中継輸送方式」が注目され、物流拠点をこれまで以上に増やしたいと考える物流企業も増えきました。

EC市場拡大に伴う物流不動産の需要増加

倉庫の新規着工棟数はバブル期以降の1990年代は減少していました。それが増加に転じたのは、物流施設のファンドが生成されるようになった2000年代になってからです。

それでもリーマンショック以前は増減を繰り返し、リーマンショックで一度はピークアウトしました。しかし、リーマンショックから経済が立ち直る傾向を見せた２０１０年代中期あたりから、増加傾向をそれまで以上に強めてきました。

さらにいえばリーマンショック以降の新規着工床面積の増加はネット通販（ＥＣ）市場の拡大の影響が大きいと考えられます。

２０００年代初頭にアマゾンジャパンが市川に日本国内初の大型物流センター（フルフィルメントセンター）を建設したとき、しきりにいわれたのは、「アマゾンはこれだけの物流センターを建設したのだから、これで日本における物流戦略はほとんど完了したといえるだろう」ということでした。多くの関係者がそのように解釈していました。

ところがその後、アマゾンはその第1号の物流センターを上回る規模のセンターを相次いで開設、運営していくことになるのです。

アマゾンは２０１０年から２０２１年まで、日本に４兆５０００億円以上の直接投資を行っています。単年度で1兆円以上を投資した年もあります。フルフィルメントセンター（物流センター）、デリバリーステーション（配送センター）があわせて50拠点以上開設されていますが、これで終わりというわけではなく、今後も開設、運営されることは間違いないのです。

コロナ禍で増えた物流倉庫の在庫量

さらにいえば、コロナ禍に突入した段階で物流施設の増設を促すような流れが出てきました。

コロナ禍初期では、感染者が増えることを懸念して、さまざまな業界で発注が増えました。買占めや安全在庫の積み増しなどがその理由になります。

しかしその一方で、各企業の出荷量は減少しました。小売店舗や飲食店などに休業や営業時間の短縮が求められたからです。

そのため、結果として、保管量が増えて、倉庫、物流センターの空室率が低下するという現象が発生しました。九州地方などは大型物流施設の空きはなくなるほどでした。

こうした状況に陥っては、物流施設を増設するしか選択肢はなくなります。

また、コロナ禍では行き場を失った投資資金が物流施設増設に向かっていったという側面もあります。ショッピングモールやホテルは人流が不透明ななか、開発計画が宙に浮くこともありましたが、一定の荷量が見込まれ、空室率が低い倉庫、物流センターは増床の必要に迫られており、確実にテナントが確保できるというメリットが注目されたのです。

さらにいうならば、コロナ禍で宅配便のビジネス環境が大きく変わったことも物流施設の増設に関わっています。コロナ禍以前、ネット通販のラストワンマイルは「不在」の問題に悩まされていました。共働き世帯や単身者世帯の多くが日中、配達先に不在であるため、荷物が思うように届かなかったのです。そのため宅配便企業は再配達を頻繁に行わなければならない状況でした。

一方で「自宅を留守にすることが多いから、ネット通販で商品を購入しても受け取りが面倒だ」と考える人も多く、それがネット通販の伸びを抑制する要因ともなっていました。

けれどもコロナ禍になるとその状況が一変します。

在宅勤務、オンライン学習などが増えて、共働き、単身者世帯の日中の不在率が大きく減少したのです。また置き配や宅配ボックスなども不在時の受け取り方法として一般化しました。その結果、ラストワンマイル配送の利便性は飛躍的に向上しました。ネット通販の受け取りはもとより、フードデリバリーも広く普及していきました。

そしてこの流れはアフターコロナ時代にも引き継がれていくことになります。消費者が効果的なデリバリーの活用方法を理解してきたともいえるでしょう。

ただし、もちろんそうなればフルフィルメントセンターやデリバリーステーションの増設がこれまで以上に必要になってくるというわけです。

ダークストアやマイクロフルフィルメントの普及も加速

コロナ禍の影響下のウィズコロナ／アフターコロナでネット通販の比重が高まっています。そしてそのなかで次世代型ネットスーパーの一形態として有力視されているのがダークストアです。

ダークストアとは英国発祥の都市型の特殊な物流センターでネット専用店舗型配送拠点です。大消費地向けの店舗配送型のネット通販向けの在庫拠点で、原則的に一般消費者はダークストアで商品を購入することはありません。ただし、有人で専任スタッフが在庫管理・出荷などの業務を行います。また在庫エリアは小売店の商品陳列エリアと類似したレイアウトがとられています。

ダークストアで購入された商品は消費者が持ち帰りをするのではなく、購入者宅などへの配送が基本となります。一例をあげるならば、「ダークストアからの配送は2時間毎などの便で行われ、不在時は持ち帰り、ダークストアで保管される」といったかたちでモデル化されます。

さらにいえばコネクティッドロジスティクスが大きく展開されることになる今後、スマート化する都市機能とリンクする可能性も高くなってきました。

なお、店舗レイアウトを物流倉庫のレイアウトのようにする反転型ハイブリッドについても需要が大きくなってくる可能性があります。

海外では最大手のスーパーマーケットのテスコがダークストアを導入し、その売上高を大きく伸ばしてきました。ネット専用の配送型拠点として注文者は最寄りのダークハウスの店頭在庫から専門作業者がピッキングを行い、スキャン検品を経て、重量確認で誤出荷を防ぐといった工夫が施されています。オペレーションは24時間対応で、配送は多頻度小口で2時間毎の自社配送が可能です。

ダークストアは物流センターと同じ機能を持ちますが、店舗からコンバートしたものが多いため、内部は店舗のように商品棚や売場があり、作業者は販売員などのキャリアを生かしたかたちでピッキング、配送業務に当たることが可能となります。また情報システムもＷＭＳ（倉庫管理システム）などの物流独自のシステムではなく、小売業向けのＰＯＳレジシステムで対応できます。さらにはドライブスルー型の「クリックアンドコレクト」型ダークストアや通常の店舗にネット対応の配送機能を備えたハイブリッド型といったバリエーションも考えられます。

わが国でもたとえば、セブン＆アイ・ホールディングスがダークストアの稼働を開始、商品梱包コストの30パーセント削減や都市部への配送効率向上などの成果を上げています。ダークストアのような店舗と物流倉庫の中間的なハイブリッド施設も増えてくるのかもしれません。

Ｊ－ＲＥＩＴの目玉がほしい金融業界

さらにいえば、金融業界も物流施設に注目しています。

というのは、2001年9月に鳴り物入りで始まったJ－REITでしたが、リーマンショックなどの影響で上場廃止などが相次ぎ、オフィスビルなどの空室率の上昇にも苦しむようになってきたからです。

投資先としての魅力が乏しくなれば、J－REIT自体の行方も怪しくなります。

J－REITは投資家からの資金をもとに複数の不動産などを取得し、その収益などを投資家に分配するというしくみです。REITとはReal Estate Investment Trustの略で米国発祥の金融商品です。日本市場の不動産投信という意味合いから「J」を頭につけています。

米国ではすでに物流施設が不動産投信に組み込まれることのメリットが知られていましたが、日本ではJ－REIT発足当初は「本当に米国では倉庫がファンド化されるのか。魅力があるという意味がわからない」ともいわれていましたが、やがて一連の物流施設群をJ－REITに組み込むことのメリットが理解されるようになると、「オフィスビルやマンションなどとは異なるロジックからの投資が総合的なリスクヘッジに大きく機能する」「ポートフォリオで異質な性質を持つ不動産を組み込むことで投資のバリエーションが増える」といった理由で高く評価されるようになりました。

とくにコロナ禍で小売業などへの休業や営業時間の短縮などの要請が出されたり、オフィスが在宅勤務に切り替えられたり、ホテルなどが不要不急の遠出自粛などの影響を受けると、ネット通販（EC）需要の高まりで増設が求められた物流施設が「安定的で安心できる投資先」として、それまで以上の注目を集めることになりました。そしてその流れはアフターコロナ時代を迎えても変わることがありません。「手堅く儲けるならば物流施設」という考えを持つ投資家が増えてきているのです。

第2章　物流施設への投資で儲かるJ－REITのしくみとメリット

この章では、先進的大型物流施設の開発の背景にある「投資マインド」の中核となっているJ－REITのしくみとメリットについて解説します。J－REITは物件の賃料収入を投資家に還元するしくみで成り立っていますが、安定的な賃料を得るという視点から物流施設がJ－REITに向いているということがいえるのです。今後、さらなる市場拡大が予想されるJ－REITのしくみを知ることで、投資面における物流施設のメリットを把握できます。

注目を集めるＪ－ＲＥＩＴ市場の重要性

Ｊ－ＲＥＩＴは、不動産に投資することで収益を上げ、投資家に分配するしくみです。不動産投資の対象は、当初は、商業施設、オフィスビル、マンション、ホテルなどが想定されましたが、ここにきて物流施設が急速に増えています。物流施設に特化した銘柄も増えています。

一般投資家からの出資を募り、その資金を使って不動産を取得・運営することになります。一般投資家は、Ｊ－ＲＥＩＴの発行する投資口（投資信託口）を購入できます。そして、不動産から得た収益の一部を投資家に分配します。Ｊ－ＲＥＩＴは収益の90％以上を投資家に分配する必要があり、分配される収益は、配当金として投資家に支払われるのです。

この方式は「信託財産方式」というもので、Ｊ－ＲＥＩＴでは、「投資信託及び投資法人に関する法律」（投信法）に基づいて設立された投資法人が主体となります。

Ｊ－ＲＥＩＴは、株などと同じように証券取引所で取引されます。投資家は、証券口座を通じてＪ－ＲＥＩＴの投資口を売買することができるのです。株などの売買取引と同じように市場での取引により、投資家は必要に応じて投資口を売却したり、新たに投資したりすることができるのです。一般投資家が不動産への投資を手軽に行う手段ともいえるでしょう。

さらにいえば、地価の長期低迷などのリスクを軽減する政策的な一面もあり、不動産市場の活性化や資金の流動性の向上にも貢献しています。

多様な不動産投資のニーズと関心に対応

J－REITが不動産に対する投信だというと、「それならたんに不動産を購入したほうがよいのではないか」と考える人もいるでしょう。

たしかに不動産を直接購入して投資するのは大きな見返りが期待できます。

たとえば、単身者向けのマンションなどを購入して賃貸すれば、賃貸収入から安定した副収入を得ることができます。

さらにいえば購入した物件の資産価値の増加も期待できます。好立地の物件ならば、地価や家賃の上昇も見込めます。もちろん、時期を見て、売却することでキャピタルゲイン（資産売却益）を得ることが可能になります。

加えて不動産はとくにインフレに強い投資ともいわれています。物価上昇の流れのなかで不動産の価値や賃貸料なども上昇していきます。土地、建物を所有していれば、インフレの影響を最小限に抑えつつ、物件の値上がり効果を体感できることになります。資産の保有によってインフレの影響を緩和することができます。

高齢化の進む社会状況を考えると、年金などの実収入が減少するなかで、増収も期待できる不動産投資の魅力はたいへん大きいといえるでしょう。

しかしながら、不動産投資にあたってのネックもあります。

不動産投資は通常、大きな初期投資が必要となります。手持ちの資金に余裕があるならば、不動産の購入で大きな利益を上げることが可能になりますが、「必ず儲かるから」ということで借金をしてまで購入してよいかどうかは難しいところです。長期的には値上がりが期待できるとしても、一時的な地価下落などのリスクは十分考えられるでしょうし、そもそも資金の借り入れが簡単にいかないケースも少なくありません。

また、賃貸する目的で購入した場合、テナントのトラブルや空室リスクなどの発生にも考慮しなければなりません。

しかも、物件の管理、メンテナンスには責任も伴ってきます。室内の修繕や水周りなどのメンテナンス、保険などにかかるコストを負担することにもなります。施設管理に時間と労力を費やされるケースも少なくありません。

したがって不動産投資に簡単には踏み切れないということになります。

しかし、まとまった投資資金がなくても、不動産の値上がりに期待したいという人はとても多いと思います。そこでそうした投資家向けに注目されるのがＪ－ＲＥＩＴです。

手軽に不動産に資金を投入できるリート

Ｊ－ＲＥＩＴなどの不動産投信の場合は、個別の不動産物件への直接投資ではありません。投資対象の不動産の物件は複数で分散投資が原則です。投資家はリスクを分散し、ポートフォリオの多様化を実現、享受することができるのです。

しかも比較的低い投資金額から参加が可能で、少額の資金で不動産市場への投資を始めることができます。また賃貸物件の収益や資産の価値の変動に応じて、投資家に分配金を提供することがあり、安定した収益性を期待できる一方、資本利得の可能性も出てくるのです。

ただし、Ｊ－ＲＥＩＴは株式市場で取引されるため、市場の変動や株価の変動によるリスクがあります。また、配当は、賃貸収入や売却益に基づいていています。不動産市場の状況や個別の物件の収益によって変動します。

しかし、手軽に不動産の投資に関われることから、「株価のように企業の経営状況を緻密にウォッチするのは苦手だ」「いろいろな地域に土地勘もあるし、ビジネスと立地の関係を考えるのが好きだ」といった人は、株や債券などに投資するよりも着実に利益を上げられると思います。

また、ＦＸのデイトレードのように頻繁に取引を行う余裕がない人、あるいは「一度買ったら、そのまま放置して、長期的に利益を確保していきたい」という人には、きちんと購入銘柄を決めたうえで、Ｊ－ＲＥＩＴで勝負するのが得策といえるかもしれません。

ＮＩＳＡを活用することで相乗効果を発揮

リートを購入するうえでＮＩＳＡ（ニーサ：個人向け少額投資非課税制度）を活用すると大きな相乗効果が期待できます。

ＮＩＳＡは、個人投資家に対して設けられた制度で、特定口座内での株式や投資信託への投資に対して一定の税制優遇を提供するというものです。

年間で投資できる上限金額が設定されていますが、約20％の節税が可能になる非課税枠１の恩恵受けられます。

なお、ＮＩＳＡでリートを始めるにはＮＩＳＡ口座を開設しなければなりません。口座は証券会社、銀行などで簡単に開設できます。

デイトレードやＦＸのように激しい動きをする投資ではなく、リートのようにゆっくりとした動きで着実に利回りが期待できる投資のほうがメリットを享受できることになります。ただし、ＮＩＳＡの投資枠は年間上限があります。投資家が年間で投資できる金額は制限されているので、少額で着実な利回りが得られる長期投資対象が望ましくなるのです。したがってリートとの親和性はきわめて高いといえましょう。

また、より長期に着実な資金運用が可能になる「つみたてＮＩＳＡ」も、リート（不動産投資信託）を組み込んでいるバランスファンドを積立設定することで購入できます。

つみたてＮＩＳＡとは、少額から定期的に投資を行うことができる非課税制度の一種です。リートにも投資することができます。

なお、リートを組み込んでいるバランスファンドを積立設定するには、つみたてＮＩＳＡを取り扱っている金融機関を選び、口座を開設します。

口座開設後、つみたてＮＩＳＡの申込み手続きを行います。まず投資する金額や投資期間などを設定します。

そして投資商品の選択段階で、リートを組み込んでいるバランスファンドを選択します。

バランスファンドとは複数の株式、債券、不動産などを組み合わせて運用する投資信託で、リートに分散投資することが可能です。

バランスファンドの選択に続いて、積立設定を行います。積立設定では、月ごとなどの指定した頻度で一定金額を自動的に投資するようにします。したがって少額から継続的に投資することができます。

２０２４年からのＮＩＳＡ制度では、一般ＮＩＳＡ（成長投資枠）とつみたてＮＩＳＡ（つみたて投資枠）の併用が可能になり、年間投資上限額は最大３６０万円です。また、生涯非課税限度額は最大１８００万円という設定です。

ＦＩＲＥとの親和性も高い

リートはＦＩＲＥ（Financial Independence, Retire Early）との親和性も高いと考えられます。ＦＩＲＥは財

政的な独立と早期退職を目指す投資の理念や運動を意味します。一定の資金を積み立てて運用し、その運用益などによって、生活を豊かにしていくという考え方です。

収入に頼らず自由に生活できる環境を作り、アーリーリタイア（早期退職）で自由な時間を楽しもうというわけです。少子高齢化社会のなかでワークバランスや生きがいを持った人生が注目されていることを考えると、今後の大きなトレンドとなることは間違いないでしょう。

ＦＩＲＥへのアプローチでは、定期的な積み立てと資産の運用が重視されます。収入の一部を投資に回し、長期的な視点で資金を運用していきます。

もちろん、ＦＸのように派手に動く市場ではなく、リートのような安定的な市場が好ましくなります。

ちなみに米国ではＦＩＲＥ実現のための目標金額は生活費を投資元本の４％以内に抑えるようにすることといわれています。

たとえば、４０００万円の資金をもとに、その４パーセントの利回りで資産運用し、国民年金や厚生年金に加え、年間１２０万円の収入を上げることができれば、老後の生活を余裕のあるものにすることが可能になるというわけです。

そして４％前後の利回りを確実に得るのに物流リートは有力な選択肢となり得るのです。

リートへの投資方法

リートへの投資方法としては、個別銘柄を購入するというスタンダードな方法に加えて、ファンドオブファンズやＥＴＦ（上場投資信託）による方法もあります。

単一の個別銘柄への投資は、業績やプロジェクトに関連するリスクに影響を受けやすく、また、専門知識がないと簡単には投資できませんが、ファンドオブファンズやＥＴＦはどちらかというと投資のハードルが低く、「ほったらかし投資」にも向いているといえます。

ただし個別銘柄については、物流リートを中心に後述することにして、ここではファンドオブファンズとＥＴＦについて、簡単に説明します。ただし、どちらも手数料が個別銘柄購入に比べると高くなります。

複数のリートを組み合わせたファンドオブファンズ

ファンドオブファンズは、複数のリートを組み合わせたポートフォリオに投資する方法です。不動産市場やリートの種類を念頭に置いたうえでの分散投資を行うのです。専門のファンドマネージャーによって管理されるため、投資家は専門知識や時間を持たなくても、リートに対応できます。

ただし、ネット証券などを活用すれば、１００円から始められるものもあるなど、少額積み立ても可能です。

市場全体をリアルタイムで追跡できるＥＴＦ

リート市場全体をリアルタイムで追跡するために設計された投資信託です。一般的に市場指数をベンチマークにしており、投資家は一つの取引所で株式と同じようにＥＴＦを売買することができます。東証ＲＥＩＴ指数に連動するというもので、リート市場全体が好調ならば、大きなリターンも期待できるということになります。

ちなみに証券会社などに口座を開設し、米国のリートに投資することも可能です。

米国でも物流リートが大きな注目を集めているのです。

なお、米国のリートを購入する際には、日本と異なる米国のリート事情や物流特性を十分に研究したうえでリートのリスク要素を理解し、投資のリスクとリターンを検討しなければなりません。

日本円から米ドルへの為替リスクも考慮する必要もあります。為替相場の変動が投資パフォーマンスに影響を与える可能性があることにも留意しましょう。また、米国の投資には法規制や税務における日本との違いも確認しておきましょう。

ｉＤｅＣｏとの併用で老後資金の充実

ｉＤｅＣｏ（個人型確定拠出年金）は、個人が年金として自分の老後のために積み立てる制度です。老後の安定を求めての投資ですが、リートは直接、組み込まれてはいません。しかし、間接的にリートに投資することが可能な金融商品もあります。

ｉＤｅＣｏの最大の魅力は優遇税制にあります。所得控除の対象となり、拠出した金額に対して税金の軽減が受けられるのです。また、運用益にも非課税の特典があります。

また、老後の年金受給を見据えた制度で、個人が自主的に拠出することで、将来の年金受給額を補完することができます。もちろん、老後の年金受給を見据えた制度なので長期運用を前提としています。長期的な投資で、株式や債券、投資信託など、自分のリスク許容度や運用方針に合わせた選択を行います。したがって「ほったらかし投資」で運用する人も多く、物流リートなどへの投資と並行的に活用することで、相乗効果も大きくなるかもしれません。

「短期的、ばくち的な短期集中投資ではなく、優良株などを長期間保有することで収益を得る」という考え方がベースとなるので、利回りを重視する物流リートなどとは同一目線の投資戦略に組み込まれることになるはずです。

不動産投資法人を軸としたリートのしくみ

リートは「不動産投資法人」という、不動産を取得し運営することのみを目的とした法人の形態で行われます。投資家は投資額に応じての利益配分を得ることができます。

リート（不動産投資信託）は、複数の投資家から資金を集め、それを使って不動産に投資する投資信託です。リートは一定数以上の投資家から資金を調達します。投資家はリートに出資し、その対価として投資口（投資単位）を取得することになります。

リートは集まった資金を使って不動産に投資します。投資対象の不動産は、物流施設以外にはオフィスビル、商業施設、ホテルなどが考えられ、多岐に及びます。

投資した不動産から得られる賃料収入などは、リートの運営によって集約され、収益は投資家に対して配当や利益分配のかたちで還元されることになります。

なお、リートは複数の不動産に投資するのが原則です。これはリスクの分散を図るためです。ポートフォリオの運用戦略に基づき、不動産の選定や運営管理を行うのです。

ここでポイントとなるのが、「賃料収入などのリターン（収益）をどのようにリートの利回りに反映させるか」ということです。

一般的な感覚ならば、「相場としての地価が上昇したら、含み益などが増えて、それがリートに反映されるので

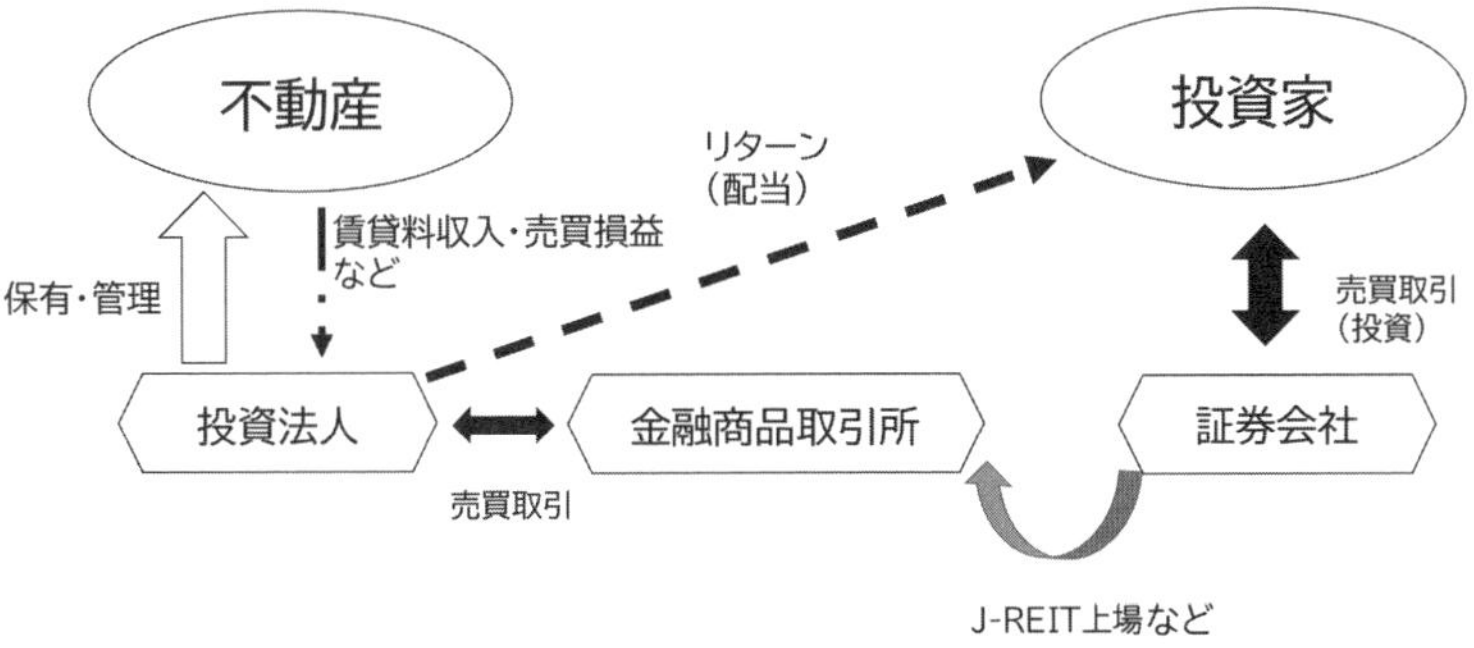

リートのしくみ

はないか」と考えることになるのかもしれませんが、リートなどの不動産証券化においては、「その物件がどれくらいの賃料収入などを上げて、投資家に還元できるか」という考え方で配当を考えます。不動産の収益性を重視する評価方法といってもいいでしょう。現在や過去の収入実績ではなく、将来に渡っての収入を予測して土地評価に生かしていく評価方法です。

したがって、たとえ地価が安い土地で、しかもその地価の上昇が見込めなくても、テナントがきちんと入っていて、賃料収入が安定的になれば、それが利回りに反映されることになるのです。

このようにして不動産の価値を算出する方法を収益還元法といいます。

リートを支える「収益還元法」

収益還元法で不動産の最適価格を算出するには、まず、賃料収入や売上高などの収益の予測を市場動向、類似物件の情報などを考慮して行う必要があります。

物流施設の場合は、「周辺の物流施設の賃料相場がどれくらいで、どのようなテナントが入っているのか」といったことが調査されます。たとえば港湾地域と内陸地域では賃料に差が出てくることもあります。高速道路のインターに近いなどの交通アクセス性も賃料やテナント誘致に大きく影響します。商業施設やホテルなどの宿泊施設についても同じようにそれぞれの施設の特性や立地条件などを検討します。土地や建物の評価に加えて、付加価値も考慮するのです。

次に予測される収益を年次単位で算出します。将来の収益の成長率、変動性、長期的な安定性、市場動向や地域経済特性などを分析します。

そのうえで還元率を設定します。還元率は投資家が受け取ると予想される収益をベースに設定されます。還元率の算出には直接還元法と割引キャッシュフロー法（ＤＣＦ法）があります。

直接還元法は、一定期間の純収益を還元利回りで還元する方法です。

ＤＣＦ法は、将来のキャッシュフローを現在価値に割引して評価します。将来のキャッシュフローを現在価値に変換して算出する方法です。つまり、将来の収入や支出の価値を現在の状況に置き換えて評価するということになります。

株式会社と投資法人の違いに注目

株に比べてリートの利回りが大きくなる理由は株式会社と投資法人の違いに起因します。

結論からいうと、株式会社は利益から法人税を払い、そのうえで投資家に配当を出しますが、投資法人の場合は法人税がかからないので、利益がそのまま分配金になります。

株式会社は企業活動によって利益を上げることが目的で、その趣旨からも当然ながら法人税が課されることになります。

それに対して投資法人は、不動産などへの投資を主目的とした法人で、特に不動産投資法人は、不動産に投資す

投資法人のしくみをしっかり理解

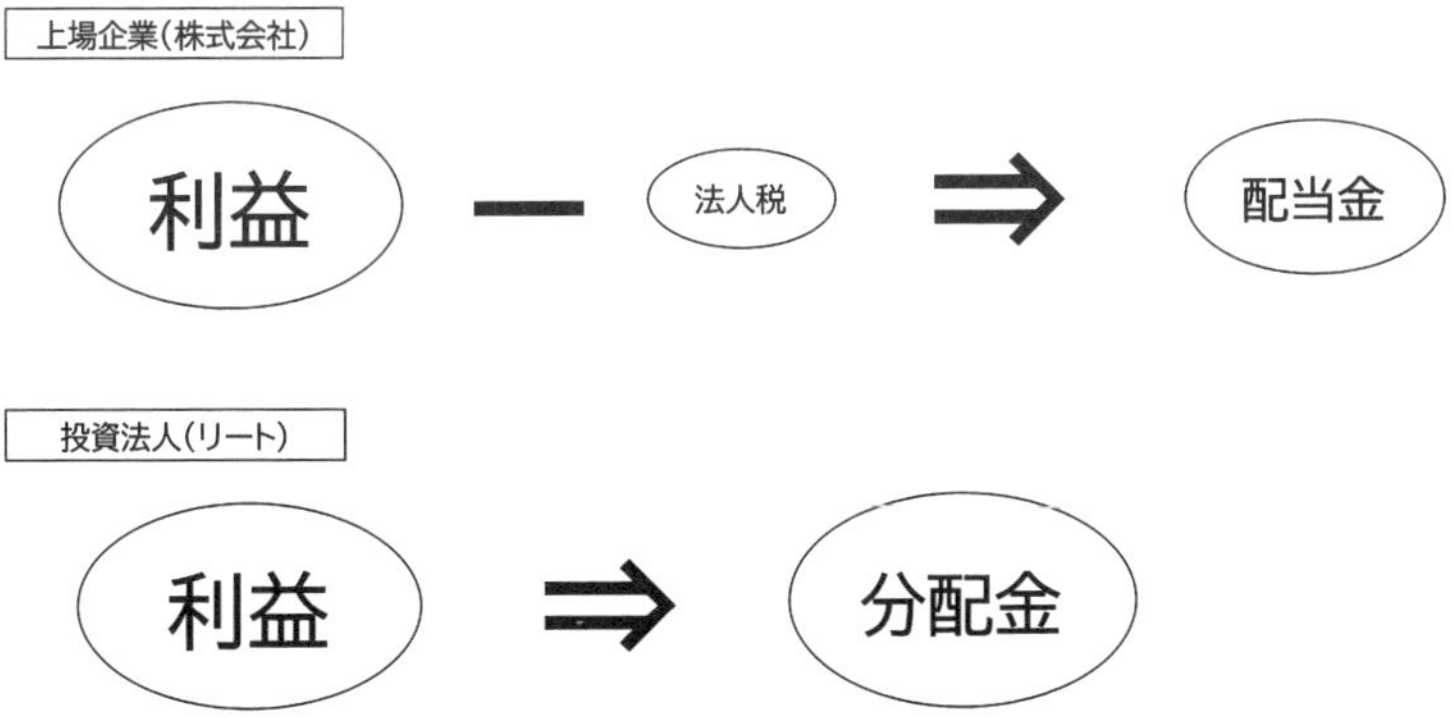

株式会社と投資法人の違い

ることに特化したものです。そして法人税法に基づき、特別な税制措置が適用されるのです。

不動産投資法人は法人税を一定の条件下でゼロにすることができるのです。

投資法人は、配当所得の一定割合を株主へ分配する必要があるのですが、不動産投資法人の場合、配当所得の90％以上を株主へ分配することが求められています。分配金の源泉徴収を行い、投資家に配当が支払われます。

分配された配当所得は、株主個人によって所得税の対象となります。しかし、法人税法上では、不動産投資法人自体が分配することによって利益が認識されるので、税引き前利益の90％以上を還元するならば、法人税が免除されるという特例があるのです。。

したがって、同程度の利益を上げている株式会社と投資法人を比べれば、投資法人のほうがより多くのリターンを投資家に還元することが可能になるのです。株に比べてリートの分配金が多くなるのはこのことも大きな理由といえるでしょう。

業務委託をしなければならない不動産投資法人

投資法人は、投資家からの資金をもとに不動産を購入したりして資産運用することを目的に設立されます。市場から資金を調達し、不動産物件の賃貸収入や売却益などを投資家に還元するのです。

不動産投資法人は、運用会社、資産保管会社、事務受託会社にそれぞれ運用、資産管理、事務を委託します。業務を委託することで管理の独立性と透明性を確保するのです。

さらにいえば、不動産投資法人は業務委託をせざるを得ない縛りもあるのです。というのは、さきに説明したように不動産投資法人は不動産投資以外の事業を行うことはできません。そのため従業員を雇用して業務を行うこともできないのです。したがって、運用会社などに業務を委託しなければならないのです。

物流リートでは「利益超過分配金」が発生するケースも

J－REITは4％前後の平均利回りとなっていますが、キャピタルゲイン（値上がり益）を得ることも可能です。分配金は利益をベースに支払われるわけですが、物流リートでは「利益超過分配金」という資本の払い戻しが行われる銘柄が数多くあります。

利益超過分配金とは、利益を超えて支払われることになる分配金ですが、物流リートではこれを減価償却費を原資として支払うケースが多いようです。

ただし、物流施設以外のリート銘柄ではこうしたケースは稀といえます。実は減価償却費を原資として使うのは

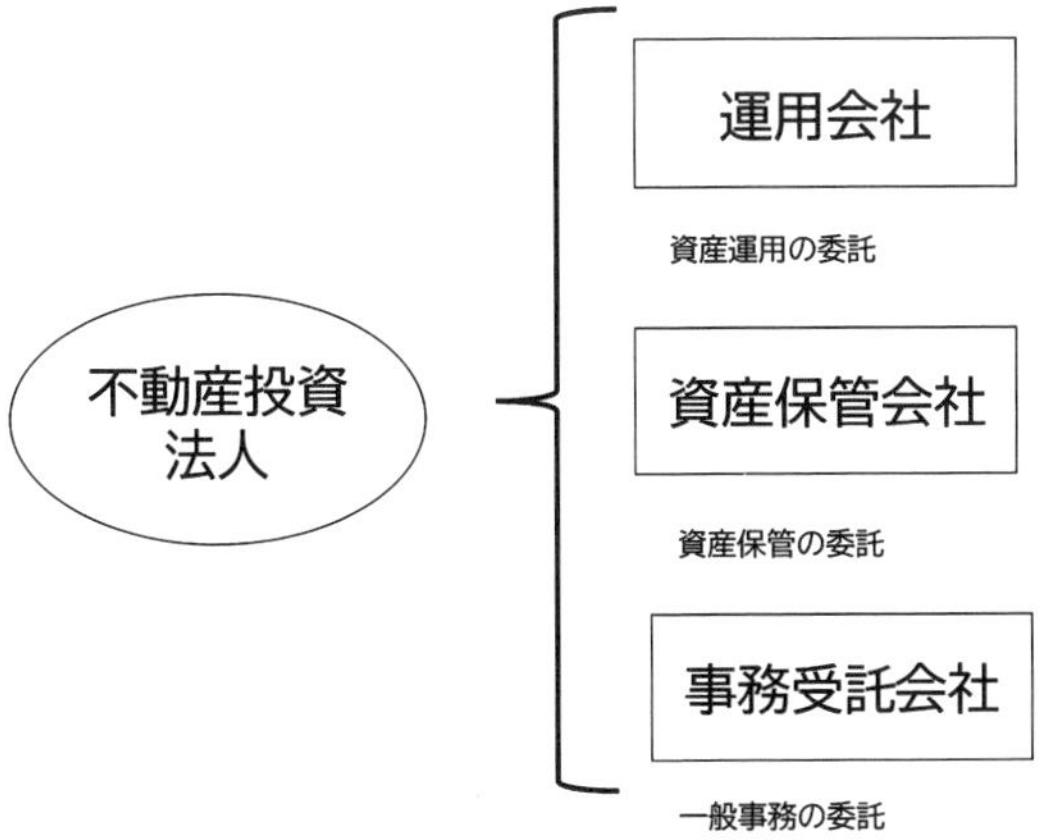

不動産投資法人による業務委託

物流施設の不動産特性が関係しているのです。

減価償却費とは、不動産などの有形資産の価値が、時間の経過とともに減少することを念頭に、毎年の経費として会計上、計上する費用のことです。

繰り返しになりますが、物流施設は用地買収などは地価の安い郊外などが中心になります。そのため、不動産取得に占める建物にかかるコストの比率が大きくなり、減価償却費の占める割合も大きくなるのです。

したがって減価償却費を原資とすることで投資家は大きなリターンが期待できるということになります。

第3章　押さえておきたいＪ－ＲＥＩＴの用途別の特徴

この章では、先進的大型物流施設の開発の背景にある「投資マインド」の中核となっているＪ－ＲＥＩＴのしくみとメリットについて用途別の特徴を中心に解説します。Ｊ－ＲＥＩＴは物件の賃料収入を投資家に還元するしくみで成り立っていますが、安定的な賃料を得るという視点から物流施設がＪ－ＲＥＩＴに向いているということがいえるのです。さらなる市場拡大が予想されるＪ－ＲＥＩＴのしくみを知ることで、投資面における物流施設のメリットを把握できます。

用途別に異なるリートの特性

物流リートだけでなく、リートにはいろいろな種類があります。物流施設以外のリートの投資対象がどのような特徴やリスクを持っているかを説明しておきましょう。

Ｊ－ＲＥＩＴは、大きく分けて、単一用途特化型と複数用途型があります。

単一用途型とは、物流施設特化型に加え、オフィスビル特化型、住居特化型、宿泊施設特化型、商業施設特化型などがあります。

複数用途型には、たとえば、オフィスビルと物流施設のように二つの用途を組み合わせたタイプの「複合型」と三つ以上の用途による総合型があります。

一般的にいえば、単一用途特化型の場合、そのリートが好調ならば問題はありませんが、景気や経済情勢の影響を特定のリートが大きく受けた場合、そのリートに対する市場の評価が大きく落ち込むリスクがあります。たとえば、パンデミックなどの発生で在宅率や外出自粛などの動きが顕著になれば、宿泊施設に特化したリートならば、空室率が大きく上昇するというリスクが出てきます。

そうしたリスクを回避するためには、物流施設のようにパンデミックなどに空室率が左右されないリートをリスクヘッジに入れておくという選択肢が有力になり、複合型に注目が集まります。

さらにこの両者に加えて、住居特化型のようなパンデミックにも好景気にもニュートラルな地価推移を遂げる可能性の高いリートも加えて、より多くの用途を組み合わせる総合型を選択するという投資家も少なくありません。

ただし、単一用途特化型の場合、「リートの種類がシンプルで手掛けやすい」という人も少なくありません。

「どのような不動産の将来性が高いか」ということを常に念頭に置いて単一用途特化型に注目しながらも、必要に応じて複合型や総合型を検討していくのがよいかもしれません。

次に用途別の特徴を一つずつ解説していきましょう。

リートの正統派ともいえる「オフィスビル特化型」

一般の人が「Ｊ－ＲＥＩＴといえば」と問われて、まず思い浮かぶのがオフィスビル特化型リートでしょう。Ｊ－ＲＥＩＴはもとより、海外リートも含めて、リートの代表的な用途といえます。また単一用途型のみならず複合型や総合型でも「オフィスビルを組み込んでポートフォリオを組成する」という銘柄は少なくありません。

ただし、「オフィスビル関連銘柄に投資しておけば無難だ」といえるかといえば、一概にそうともいえません。というのは、オフィスビルといっても、大規模ビル中心の銘柄や中小規模中心の銘柄、あるいはその中間的な銘柄など、規模についても特性についても、さまざまなタイプが存在するからです。すべてのオフィス特化型リートをひとまとめにして考えることはできないのです。最大の「森ヒルズリート投資法人」に投資するべきか、中小規模の「いちごオフィスリート法人」で勝負するかは、投資する人の狙いやバックグラウンドで異なってくるわけです。

加えて重要なことは、オフィスビル特化型の投資口（株価）やリートの利回りが景気や社会動向に左右されやすいということです。

たとえば、コロナ禍で在宅勤務やテレワークが広がった際には、オフィスビルの空室率が大きく上昇しました。空室率が上がれば、賃料単価も下がることになるので利回りに影響します。

逆に好景気となれば、オフィスビル需要も増大することになります。ただし、空室が少なければ、景気上昇に見合った収入は得られないかもしれません。また、新たにオフィスビルを開発、建設するということになっても、長期計画となるのですぐにはリートに組み込まれません。

このようにオフィスビルは注目度も知名度も高く、リートの代表的な銘柄ではあるのですが、リート初心者にとっては意外に取扱いが難しい銘柄でもあるのです。

賃貸マンションなどの投資が展開される住居特化型

一般投資家にとってはオフィスビル以上に親しみを感じられるのが住居特化型リートでしょう。近年、数多く建てられるようになったタワーマンションなどからの賃貸収入が収益のベースとなります。

オフィスビルに比べると、住居は簡単に移り住むこともできないので、景気や社会動向などが変化しても需要が急変するということは少なくなります。空室率が大きく変化したり、賃料水準が景気動向を受けて急激に変わったりはしません。収益率についてオフィスビルよりも安定していて、ある程度、長期的な展望を持てるといってもよいでしょう。

しかし、その反面、住宅価格はオフィスビルなどに比べて、大きく変化することはありませんし、家賃が毎年大きく上昇していくということもなかなかありません。むしろ、築年数が増えれば、家賃が下がるというケースも出てくるでしょうし、家賃が立地条件に左右されることも多く、一度、相場が固定してしまうと、家賃を大きく上昇させるということも難しくなります。

したがって、「手堅さはあるけれども将来的な可能性が大きいともいえない銘柄」と考える投資家が多くなります。

また、少子高齢化社会の到来で大きな人口減少が懸念される地域では賃貸マンション経営が難しくなっていくと考えられることから、首都圏、関西圏など、ある程度、投資対象となるエリアが限られてきます。「マンションなど一般投資家が親しみやすい物件が多い」「賃貸収入が安定している」といったことからJ－REITの入門者向けの銘柄ともいえますが、将来の展望に限界があることも念頭に置いておきたいところです。景気が低迷しても、急に収益が悪化するということはありませんが、逆にいえば、好景気となっても、すぐにそれが収益に反映されるわけではないのです。「これだけ好景気なのだからもっと儲かってもいいのに」という不満を抱える可能性も高いのです。

また、家賃収入を考えた場合、J－REITの委託関係費用は課税対象となるので、消費税が増税されれば影響を受けることにもなります。

さらにいえば、住居特化型のリートは借入金比率がオフィスビルなどに比べると高いので、返済金利の上昇などのリスクを負うことにもなります。そうなれば分配金の原資も少なくなります。

それゆえ、住居特化型銘柄を選ぶ場合には、返済金利の上昇リスクを抑えられるような固定金利比率が低い財務運営を行っている銘柄に注目するのも一策です。

ちなみに、景気の影響などを受けにくいと書きましたが、コロナ禍の影響で空室率が上昇した銘柄も出てくるなど、大型災害やパンデミックなどの発生ではリスクが顕在化する可能性も小さくありません。

以上を総合して考えると、住居系銘柄は単一用途特化型で購入するよりも、複合型、あるいは総合型のポートフォリオに組み込んでいくのが好ましいといえるでしょう。

都市型と郊外型に大別される商業施設

商業施設の場合、立地条件により、収益も特性も大きく異なってきます。

都市型の場合、一般的に賃料が高くなるために賃料収入の重みが大きくなります。そしてそれゆえ、いったんテナントが退出すれば大きな影響を受けることになります。したがって、テナント数が少ないことがリスクとなるので、なるべく多くのテナントを抱え、1物件の空室が全体に与える影響を小さくなるようにする工夫なども必要になってきます。

ただし、都市型商業施設で中心的な役割を担うアパレル、雑貨などのテナントがネット通販（ＥＣ）の大きな影響を受けて、店舗網を縮小させる方向性にあるなかでは、たとえ先進的な実店舗を構えた商業施設であっても、将来的には不安を抱えないわけにはいきません。

他方、郊外型の場合は、どちらかというと比較的安い賃料などにも支えられ、長期賃貸借契約となることが多くなります。

とはいえ、集客が思うようにできなかったり、景気の低迷やコロナ禍のような社会環境の激変などがあったりすれば、テナントの早期退出に見舞われるというリスクも出てきます。

郊外型の代表格は、地域型ショッピングセンター（ＲＳＣ）です。「イオンモール」「ららぽーと」などのテナント数が多く、それに見合うだけの敷地面積と商圏を有した大型ショッピングセンターを指します。大型駐車場を兼ね備えていることから、週末などのまとめ買いの場となります。

ただし、郊外型の場合、テナント選択の多様性が乏しく、「この郊外にはこのタイプの店舗しか入れないだろう」

といった代替性の低い施設となっている可能性もあります。また近隣に大型の競合施設が開設された場合、テナントの経営状態に影響が及ぶリスクもあります。

このように都市型、郊外型のどちらの商業施設も「これまではともかく、先行きを考えると決して投資先として有望とは思えない」と考える投資家がかなりいるように思えます。

加えていえば、ネット通販の拡大とコロナ禍のダブルインパクトで、米国などのショッピングモールなどは壊滅状態に追い込まれてしまいました。海外の投資家から見ると、「同じことがいつか日本でも起こるのではないか」と考える可能性が高くなります。

もちろん、それでも安定的な収益を得られる優良銘柄がないわけではありません。しかし、リート初心者が最初に購入する銘柄としてはもう少しリスクの小さい用途のリートが扱いやすいように思えます。

社会環境の変化を的確に把握する必要があるホテル特化型への投資

ホテルというと、休暇、リゾートなどがすぐに連想できるように、日頃のストレスを解消したり、待ちわびた休みを有意義に生かしたりする場として、好印象を抱いている人が多いと思います。

したがって、そうしたポジティブなイメージから「ホテル特化型に投資してみたい」という一般投資家も少なくありません。

実際に特定のリゾート地に行ってみたいと考える人ならば、より魅力的に感じることも少なくないはずです。「ジャパン・ホテル・リート投資法人」、「星野リゾート・リート投資法人」、「いちごホテルリート投資法人」などのように人気の高いリートも少なくありません。温泉・温浴施設をメインに据えた「大江戸温泉リート投資法人」などもホテル系銘柄に加えて考えてよいでしょう。

ちなみにホテル系銘柄の場合、賃料については固定賃料を採用しているケースもありますが、変動賃料（売上家賃）ケースもあります。基準の売上高を設けつつ、それを超えた場合には賃料を上乗せしていく方式です。

ホテル特化型への投資を考える場合、十分配慮しなければならないのは、社会環境の変化です。たとえば、大型災害やパンデミック、あるいは経済危機や不景気などの影響をオフィスビル系や住居系銘柄以上に強く受けることになるからです。

たとえばホテル系銘柄はコロナ禍の発生で大きく下落しましたが、アフターコロナに突入したことで、大きな反転を遂げました。

実際、ホテル系銘柄が社会環境の変化などをとても強く受けやすく、それゆえこうした変化を巧みにとらえることができれば、大きな利益を得ることも可能になります。ただし、これは投資の初心者にはなかなか難しいことかもしれません。

景気などの変化で大きな成果を得ることを狙う場合にも、ホテル系銘柄一本に絞るのはリスクが大きくなる可能性が相当にあるのです。そこでリスク回避策として物流施設銘柄などの安定性の高い銘柄と組み合わせてアセットバランスを工夫するというベテラン投資家もいます。

たしかにホテル銘柄は華やかな雰囲気のある銘柄ではあります。しかし、購入に当たっては十分なリサーチと検討が必要になってくるともいえるのです。「親近感のあるレジャー関連の銘柄でもあるから」といった理由で飛びつくと思わぬダメージを負うリスクもあるのです。

少子高齢化や産業構造の変化から狙い目とされるヘルスケア施設特化

東証では総資産に占めるヘルスケア施設の割合が50％超のリートをヘルスケアリートと定義しています。リートのポートフォリオの一部にヘルスケア施設が含まれているだけではヘルスケアリートとは見なされません。

ここでいうヘルスケア施設とは、介護施設では、優良老人ホーム、サービス付き高齢者向け住宅、認知症高齢者グループホーム、特別養護老人ホーム、介護老人保健施設、介護療養型医療施設、デイサービス関連事務所などを指します。

また、医療関連施設としては、病院、診療所、医療モール、健診センター、先進医療施設などもヘルスケア施設の範ちゅうに組み込まれます。

さらには、フィットネスクラブなどの健康増進のための施設もヘルスケア施設に含まれます。

高齢化が進む日本ではこうしたヘルスケア施設が今後さらに建設、運営されていくことが十分、期待されます。したがって、これからの日本を考えた場合、有望な銘柄といえるでしょう。

ヘルスケアリートでは、介護事業者などのオペレーターから支払われる賃料を収益源とし、投資家への分配金とします。ヘルスケアリートは施設の維持・管理などを、オペレーターは介護サービスなどを行う「セパレーション・オブ・インベストメント・アンド・マネジメント」（所有と経営の分離）が行われるのです。そしてこのようなヘルスケア施設は「オペレーショナルアセット」とも呼ばれます。

施設の賃貸契約については他用途のリートと同じように長期賃貸契約を結ぶことになりますが、商業施設リートなどとは異なり、固定賃料となります。

また、ヘルスケア施設のようなオペレーショナルアセットの場合、施設をリートに売却し、その施設をリースバックにより賃貸契約を結び使うことで、オペレーターは運営事業に経営資源を集中させることができます。

さらにいえば、施設の売却益で得た資金を施設の設備などに投入し、経営の質を高めたり、集客力を高めたりすることも可能になります。またリートによる情報開示により、経営の透明化もある程度実現でき、社会的信用が増すという効果も期待できます。

入居者・入院者にとっても、運営の透明性が確立され、設備などがしっかりと管理・保全された施設を活用できるというメリットがあります。

こうした多くのメリットが評価され、世界的にもヘルスケアリートは大きなトレンドとなっています。

ただし、とくに医療系施設などでは、病院などの運営側にも資金調達の多様化などのメリットも出てくるものの、リートに組み込まれることで、医療診療の質が変化するリスクもあります。医療方針などへの干渉や病院経営への介入が懸念されているのです。

また、ヘルスケアリートは景気の変動や社会環境の変化などの影響を大きく受けることはありませんが、入居・入院などの経営状況に株価や配当金が左右される傾向にあります。経営手腕が優れたオペレーターならば好業績となり、そうでなければ業績が低迷するというリスクは十分にありえることです。

公開されている資料だけでは経営者の質や手腕はなかなか見えません。「ヘルスケアリートは安全で確実な投資となる」と楽観するのではなく、常に公開資料の行間に見え隠れする経営者の手腕などにも細心の注意を払う必要もあるのです。

米国リートで注目を集めるインフラストラクチャー銘柄

米国リートで大きな注目を集めているのがインフラストラクチャー用途の銘柄です。米国のリート市場の動向が近未来のＪ－ＲＥＩＴのトレンドとなる可能性が高いことをふまえて、解説しておきましょう。

ここでいうインフラストラクチャーとは主として、通信インフラを指します。データセンターや通信塔などのＩＴインフラの整備を行うのです。

とくに注目を集めているのが、５Ｇ（第5世代移動通信システム）以降の通信ネットワークを支えるデータセンターです。データ通信量は2年ごとに倍増するというペースで増加しています。

今後、データ通信量が減少するという可能性はほとんど考えられない状況を考えると、データセンターなどの持続的な需要が強力であることは明らかで、リートとしても安定性が高く、確実な投資となると考えられます。

日本でも物流リートなどと組み合わせるかたちで、データセンターを組み込んだり、新たに着手したりする可能性が出てきています。

日本のデータセンターは施設・設備の老朽化が指摘されています。リニューアルや新設などには多大な費用が必要となります。リートによるデータセンターの整備は自然な流れともいえるでしょう。

もっとも、データセンターの業務に携わる人材は不足しています。高い専門性が要求されることにもなるからです。エンジニアリング、ＩＴハードウエア、ネットワーキングなどの専門知識やきめ細かい運用や戦略立案力なども求められます。今後、ＡＩなどの導入による自動化、無人化なども進んでいくと考えられますが、人間が対応しなければならない部門も多く、大都市圏ではなく、地方などにデータセンターを建設した場合の求人に不安を感じる向きも少なくありません。技術者不足、人材不測を解消していく対策も必要になってくるのです。

しかしそれでも、わが国における増加するクラウドサービスに対応するハイパースケール（超大型）のデータセンターの建設需要は急拡大しています。ただし、ハイパースケールデータセンターの新設にあたっては広大で安価な土地が必要になりますが、それだけではなく、十分な電力サプライチェーンの構築も必要となります。

したがって、「たんにデータセンターだけを誘致すればよい」というわけにもいかず、人材確保や電力サプライチェーンの効果的な活用なども念頭に入れたうえで、まちづくりや地域活性化などともリンクさせた動きが求められることになります。

将来的なJ－REIT銘柄としては魅力も大きいですが、現時点ではクリアしなければならない課題も山積みといえるでしょう。

SDGsや環境耐対策の視点からも注目される森林リート

米国リートでは環境対策やSDGs（持続可能な開発目標）、ESG（環境・社会・ガバナンス））投資などの視点から森林リートに対する注目が高まっています。

森林をやみくもに切り倒すのではなく、計画的な伐採とその後の再造林を視野に入れた森林経営、さらには森林に住む動物・生物などの多様性維持や木材需要に応えた供給体制などを構築しつつ、適切に管理、運営していくことを目標とするのです。南米やアフリカなどの森林面積の維持や保全などにも取り組んでいくというわけです。

もちろん、こうした課題は日本の森林にも存在するわけですから、近い未来には日本型の森林リートが登場する可能性は相当にあるといえるでしょう。たとえばリートに組み込むことで北海道などの原生林を乱開発することなく、しっかりと管理していくことも可能になるかもしれません。

しかし、現状では森林のリート化への取り組みはなかなか進展しないというのが実情です。ただし日本企業が米国で森林ファンドを組成するという話は出てきています。森林の価値の有効活用を図り、脱炭素化を進めていきます。

森林の大規模経営による合理化と近代化が進めば、森林リートに対する投資家の注目度も飛躍的に向上することになるでしょう。

もっとも理想論だけではなく、現実的な投資という側面から考えると、リスクもそれなりに存在します。たとえば、森林の火事などの自然災害や樹木病害などの発生のリスクは無視できません。近年、欧米では大規模な山火事が大きく報道されたこともあります。

米国リートでは大きな利回りが期待できる有望銘柄といえますが、日本で森林行政などとうまく調和して、J－REIT市場に登場するにはもう少し時間がかかることになるかもしれません。

物流リートとの連動で注目されるセルフストレージ

この章の最後に物流リートの「親戚筋」にあたるセルフストレージを紹介しておきます。セルフストレージ（トランクルーム）とはレンタルコンテナなどによる個人向けなどのスペース貸しのレンタル倉庫です。

大都市の遊休地などにコンテナを設置し、そのコンテナ内に個人向けの荷物を保管するというビジネスモデルです。遊休地を利用して設けられる駐車場のように土地利用の具体的な算段が決まれば、コンテナを撤去し、土地を売却することも可能です。米国では3兆円を超える大市場が出来上がっており、米国リートの有力な選択肢に育ってきているのです。

わが国ではトランクルームと呼ばれていますが、一般家庭の手狭な住宅事情を補完する意味合いから注目、活用が進んでいます。さらにいえばコンテナを活用した保管に加えて、オフィスビルなどを活用した企業向けの文書保管サービスもマーケットを拡大しつつあります。

ちなみに大型物流施設と同じようにセルフストレージについても、保管が長期化する可能性が高く、景気の影響を比較的受けにくく、空室率を低く抑えられる傾向にあります。

たとえばコロナ禍で在宅勤務が増えた際にも自宅を作業空間として活用したいテレワーカーによって、需要が拡大しました。

将来的には物流施設などの銘柄に組み込まれたり、セルフストレージ特化型の独自の銘柄Ｊ－ＲＥＩＴにも登場したりするかもしれません。

第4章　物流リートの有力企業の事業展開

この章では、J－REITに上場している物流施設特化型銘柄について紹介します。各銘柄の異なる戦略や方針、ポートフォリオの特徴などを紹介します。物流施設特化型リートといっても一言で片付けられないということがわかると思います。それぞれの銘柄に対して「どのような切り口から投資を考えていくのがよいのか」という視点から詳しく解説していきます。

大流行した「自走式物流施設」

わが国では、大手企業が大型施設を自己保有しているケースが多かったのですが、バブル期以降の景気低迷や規制緩和の流れなどを受けて、自社物件の償却やリースバック（資産償却後リース契約の金融取引）などを行うことが増えてきました。この流れは物流施設についても当てはまります。物流施設を自社保有するのではなく、賃貸契約を結び活用するという傾向が強くなってきました。そこで外資系不動産開発会社などが提供する最新物流施設に大きな注目が集まることになりました。

そしてその際の目玉となった物流施設のデザインが「自走式」です。

一般的に物流倉庫は平屋建てが理想といわれてきました。これは平屋の場合、作業動線を直線上にまとめることができるからです。入荷から保管、出荷までの一連のプロセスが煩雑にならないようにするためです。

しかし、従来、日本では物流施設に対して十分な敷地面積が確保できないケースが多く、そうなると広大な敷地に平屋建て倉庫を建設することは難しくなります。そこで伝統的な日本の物流倉庫は多層階を貨物エレベータで結ぶかたちで行われてきました。

けれども、物流量が多ければ貨物エレベータは複数基必要になりますし、それでもピーク期におけるエレベータ前での手待ちが多くなります。また多層階のオペレーションは平屋に比べて、作業者数やフォークリフトの台数なども多くなり、物流効率は平屋に比べて劣ります。

「平屋倉庫は理想ではあるが、日本ではなかなか大きな平屋倉庫を構えることはできない」というのが、多くの物流関係者のあきらめにも似た考えでした。

けれどもそこに登場したのが、外資系不動産開発企業による自走式物流施設でした。

自走式物流施設は多層階で構成されていますが、大型駐車場のように施設に設置されたスロープ状の車路を通って、トラックが上層階にダイレクトに入荷・納品できます。出荷についても、ダイレクトに上層階に上ってきたトラックに直接、荷を積み込むことができます。まさに「平屋感覚」で多層階型の物流施設を活用できるのです。

自走式物流施設はその優れたコンセプトが多くの物流関係者に支持されて、第1号が世に出てから10年も経たないうちにすっかり、物流不動産の標準スペックとして認知されるようになったのです。

最先端の物流施設を相次いで開発する日本ＧＬＰ

自走式物流施設を目玉に物流施設起点の都市開発、地域活性化を相次いで進めているのが「日本ＧＬＰ」です。世界規模で物流不動産の開発、運営を展開するＧＬＰの日本法人です。

「日本ＧＬＰ」は、２００８年9月のリーマンショックで経営状態が悪化した「プロロジス」が、保有する物流施設の大半を「ＧＩＣ（シンガポール政府投資公社）」に売却、日本と中国の物流不動産事業を取得し、設立されました。

流山市、相模原市、茨木市、尼崎市に巨大物流施設「ＡＬＦＡＬＩＮＫ」を建設し、躍進を続ける物流リートのリーディングカンパニーです。

なかでも第1章でも触れた「ＧＬＰ　ＡＬＦＡＬＩＮＫ　流山」は日本最大級の最先端物流拠点です。物流施設内にはレストランなどのある休憩所や交流広場も設けられて、一部機能を一般開放しています。

また、「ＧＬＰ　ＡＬＦＡＬＩＮＫ　相模原」も敷地中央の環状の共用棟に、カフェ、レストラン、託児所、多目的コートなどが設けられており、地域コミュニティに開かれた物流施設となっています。

加えて、物流・サプライチェーンの視点からも、生産プロセスと物流プロセスの統合を推進すべく、工場用途やコールドチェーンに対応した区画整備などを行っています。

さらに物流施設のセキュリティ対策として、顔認証入館システムの導入を、労働力確保の視点から専用シャトルバス運行状況の見える化を、ＢＣＰ（事業継続計画）の視点から災害情報の配信機能などを導入しました。

関西においても茨木市、尼崎市で大型物流施設の建設を進めています。この２拠点に約１７００億円の投資を行います。

「日本ＧＬＰ」では、大規模（延床面積１０、０００平方メートル以上）で機能的な設計を備えた賃貸用物流施設を「先進的物流施設」と位置付けています。

さらに、「天井高５・５メートル以上かつ床荷重１・５トン／平方メートル以上」を備える物流施設に重点的に投資する方針を打ち出しています。天井高を５・５メートルとすることで、フォークリフトのアームの可動域や３段積みラックなどの保管効率を最大限に引き出すことが可能になるのです。

このように日本ＧＬＰの物流施設は「たんに大量に保管できればそれでよい」といったレベルではなく、先進的物流施設を活用することで物流企業などが物流オペレーションの最適化を図ることができるように緻密な工夫や取り組みがなされているといっても過言ではありません。

また、物流施設が地域活性化やＢＣＰに活用される戦略拠点として、まちづくりや都市開発の中核としても機能できるような工夫も施されているのです。

日本ＧＬＰの物流施設開発でエポックメーキング（画期的）だったことは、物流施設を「たんなる物流業務の効率化、高度化のためのインフラ」として捉えるのではなく、物流施設を起点とした地域活性化、まちづくりとしてしまったことです。

「郊外に立地することから地価取得が安価で、建設コストが安くて済むという物流施設をファンドに組み込むメリットは多くのＪ－ＲＥＩＴ企業も認識していたが、物流施設を起点に大がかりなまちづくりを展開するという発想はなかった。海外の大型物流団地を見ても、物流施設と都市の生活機能が巨大規模で融合されているケースは少なく、日本ＧＬＰによる流山や相模原の取り組みは特筆に値するといえる」（物流不動産関係者）。

都市のランドマークとして大型先進物流施設を活用することで、物流拠点の大集約と高度化を包括的に進めているのです。

先進的物流施設の開発をリードしてきたプロロジス

「プロロジスリート投資法人」は世界最大規模の物流デベロッパーの「プロロジス・グループ」が開発する物流施設の運営を行っています。

日本におけるプロロジス・グループの活動は、１９９９年に「株式会社プロロジス」を日本法人として設立したことから始まりました。

２０００年代初頭から首都圏、京阪神圏などに大型物流施設を相次いで開発、運営してきましたが、そのテナントには大手物流企業や物流に力を入れる有力荷主企業が名を連ねています。

実際、プロロジスの開発する物流施設のレベルは高く、物流企業などにとっては円滑なオペレーションやタイムリーな輸配送、綿密な在庫管理などを実践するうえで、頼りになる存在といえるでしょう。物流業務を側面からサポートする信頼のおける物流デベロッパーといえます。

日本におけるプロロジスの第一号案件は2002年に新木場で竣工された国際的な物流企業であるDHL向けの専用物流施設「プロロジスパーク新木場」でした。ファンドで物流施設が建設されるということは当時の日本の物流業界にとっては衝撃的な出来事でした。

その後、2005年に「プロロジスパーク東京大田」などのマルチテナント型の自走式物流施設を相次いで開発し、日本の企業物流が現代化を進めるための物流インフラの構築に多大な貢献を行っていきました。

2000年代の日本の物流業界は3PL（サードパーティロジスティクス）が物流の新しいビジネスモデルとして萌芽した時期でもありました。その時期に大きく注目されたのが、「ノンアセット化」と「拠点集約」というキーワードでした。

それまでの物流企業や荷主企業は物流施設を自社物件として保有し、それを活用することによって、物流の高度化を進めていくというスキームを取っていました。

しかし、2000年代に進む物流の規制緩和流れのなかで、物流業務の改善を戦略的に進めるノンアセット型の物流システムの構築に注目が集まってきたのです。すなわち荷主企業が自社倉庫を使わずに、物流企業などに物流センター運営などを委託するかたちのビジネスモデルです。

ただし、物流企業が荷主企業から物流業務委託を受けても、「どのようにして物流倉庫、物流センターを準備するのか」というのは大きな課題でした。

従前のやり方では物流企業が大型物流センターを自ら建設、保有し、運営に乗り出すというかたちがとられていました。実際、大手ドラッグストアなどでは、物流企業が大英断のもとに物流センターを自ら建設、運営するというかたちで物流業務を受託し、その成果もあり、大きく躍進できたという例もあります。

「しかし、それではリスクが大きすぎる。仮に荷主企業に契約を途中で打ち切られてしまったら、せっかく建設した大型物流センターが大きな負担となってのしかかることになる」――。

そのように考える物流関係者が数多くいました。

「結局、３ＰＬビジネスといっても絵にかいた餅のようなもので、大型物流センターの建設を物流企業が請け負い、荷主企業にノンアセット型の物流システムを提案することは簡単にできるものではない」というわけです。

こうした状況のなかに登場したのが、プロロジスなどによる物流施設の提供です。しかも複数テナントに対応できるように多層階の各階フロアにダイレクトに入荷、納品できる自走式物流施設を提案したのです。自走式とすることで、高層階のフロアにトラックがダイレクトで接車できるようになりました。

それまでの多層階の物流施設は、エレベーターでしか上層階には行けない構造となっていることが多く、複数テナントが入居する場合、１階フロアが荷捌きにも便利で、２階以上のフロアでは「繁忙期にはエレベータの順番待ちが発生する」といった事態が発生することが珍しくありませんでした。そのため、「多層階物流施設におけるマルチテナントの入居というビジネスモデルは成立しにくい」といわれていました。しかし、プロロジスが先頭を切って展開した大型自走式物流施設はそうしたそれまでの常識を大きく覆していくことになったのです。

ただし、２００８年9月にリーマンショックが発生すると、プロロジスはその大きな影響を受けて、業績が悪化してしまいます。その結果、さきに説明したように、プロロジスの保有していた物流施設の大半はＧＬＰに引き継がれることになりました。

しかしながら、２０１１年には当時の業界2位の「ＡＭＢプロパティコーポレーション」と対等合併し、四大陸４００億ドル以上の資産総額を有する巨大物流デベロッパーとなりました。

さらに、２０１３年には「日本プロロジスリート投資法人」をＪ－ＲＥＩＴに上場させました。物流施設特化型Ｊ－ＲＥＩＴとしては、史上３番目のことでした。

プロロジス型物流施設の特徴

プロロジスなどが登場する以前の多層階の物流施設では、一フロアの面積は中規模（各フロアは2000〜5000平方メートル）で、一階にトラックバースがあり、各階からの荷物は垂直搬送となっているものが一般的でした。

これに対してプロロジスなどの物流施設は、一フロアの面積が広く、各フロアが初期のものでも8000〜1万9000平方メートルとなっていました。加えて、トラックが各階に直接アクセスし、各々の階での専用利用が可能という先進的なデザインとなっていたのです。

一フロアの面積を大きくすることのメリットは倉庫有効効率の向上、倉庫管理効率のアップにつながります。すなわち多層倉庫の一層化を図りそれによって一フロアでのオペレーションの完結化を実現するわけです。ワンフロア型の物流現場ならば、多層階に荷捌き場、仮置きスペースなどを分散させることがないので、コンパクト化が可能となります。

また垂直搬送設備が不要になるため、そのスペースを荷物保管に使用することが可能にもなりました。

さらにいえば事務所や休憩室などを物流施設内に設けて、互いに近接させるかたちで一か所にまとめることもできるようになったことで施設内のセキュリティ管理も容易になりました。

同時に雨天でも作業の可能な全天候型の屋内トラックバースを各階に設けています。各階での専用利用が可能となるほかに、荷捌きが水平移動のみとなり、荷物の搬出入時間の短縮や人件費の削減といった効果も期待できるようになりました。また搬送機器は不要となり、フォークリフトの台数減にもつながり、そのメンテナンス費などの削減も可能となりました。

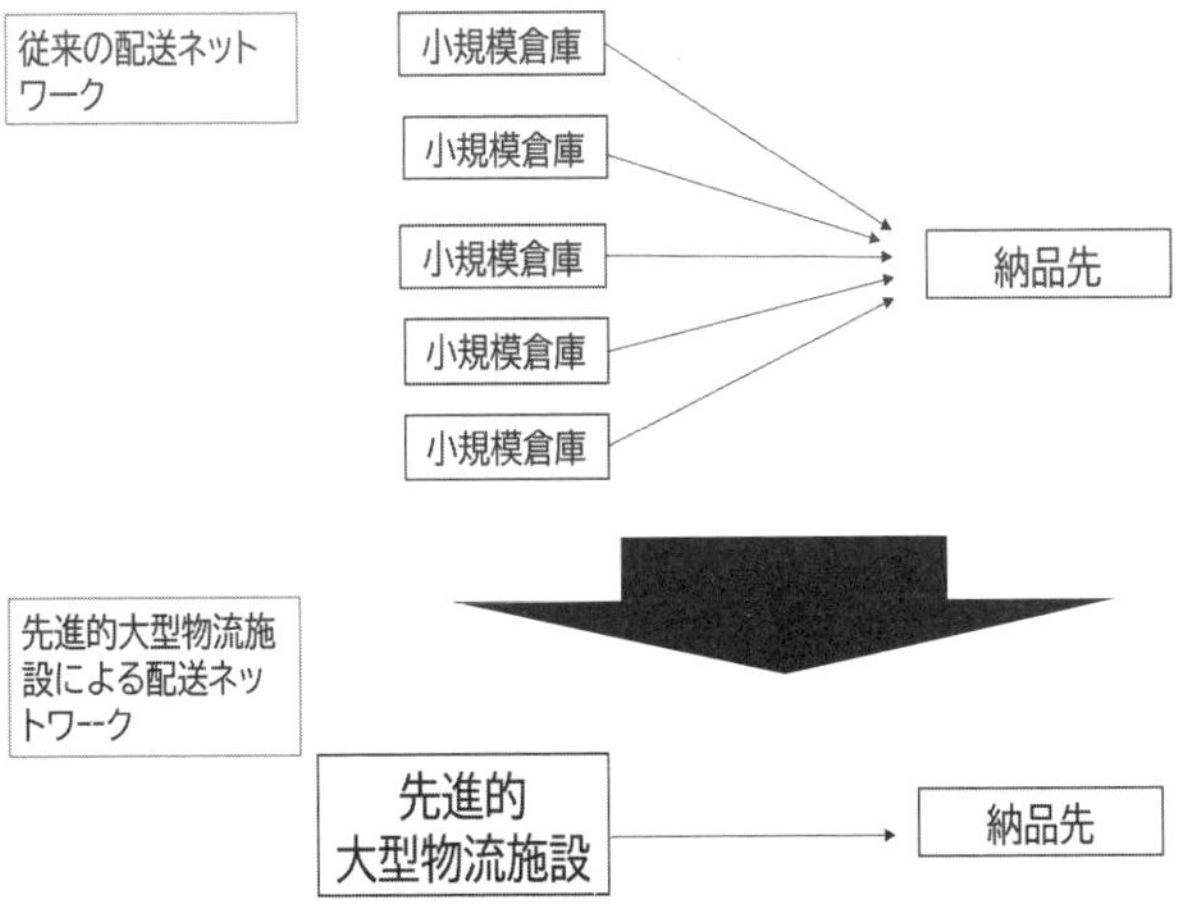

先進的大型物流施設による物流改革

従来型の物流施設に比べてゆったりとスペースをとっており、庫内のオペレーションが効率的に行える可能性が広がったのです。

そして、こうした「プロロジスタイプ」の先進的な物流施設がその後、急速に建設されていくことになったのです。

高く評価された物流オペレーションへの効果

こうした、先進的な物流施設は登場後まもなく、３ＰＬを推進する大手物流企業に大きく評価されることになりました。

それまで小規模で散在していた物流倉庫をファンドで建設された先進物流施設に集約する、というビジネスモデルを３ＰＬ企業が荷主企業に提案するようになりました。拠点集約にあわせて在庫を圧縮したり、最新マテハン（物流関連）機器を導入したり、情報システムをアップグレードしたりといった、物流システム全体の刷新も行われるようになりました。

その結果、３ＰＬ業界の勢力図も大きく変わり、拠点集約をキーワードに大きく躍進する企業も出てきました。

注目される物流施設面からのラストワンマイルへの対応

さらにいえば、プロロジスは、「プロロジスアーバン」という物流施設ブランドを展開し、大都市圏における効率的な配送を支援する動きを強めています。ＩＴ系のスタートアップ企業などの場合は、基本的に物流はアウトソースということになるので、物流センター運営はフルフィルメント業務のノウハウのある３ＰＬ企業の手を、ラストワンマイルは宅配便企業の手を借りざるを得なくなります。

ネット通販の急速な拡大を受けて、「フルフィルメントセンター」と呼ばれるネット通販向けの在庫管理・出荷業務を専門で行う物流センターの需要が増えています。

「フルフィルメント」とは、英語で「遂行」とか「達成」という意味ですが、物流で用いる場合は、受注から商品発送、在庫管理、入金管理、さらには返品管理・クレーム処理などのアフターサービスまでの庫内外での一連の業務の戦略的な流れを指します。

フルフィルメントセンターでは顧客満足度の向上や付加価値サービスの増加に力点が置かれています。

さらにここにきて、マイクロ化の傾向も出てきています。消費地近郊にマイクロフルフィルメントという小規模な拠点も出てきているのです。

インターネットと同じ速度で回転することが要求されるネット通販物流では大規模物流センターからの直送よりも、消費地に近い拠点からのクイックなデリバリーが求められることが多くなります。そしてそれに対応した小ぶりな物流拠点がマイクロフルフィルメントセンターということになるのです。

ただし、小規模拠点で多頻度小口の一定規模の出荷量を扱うのは従来型の物流センターの処理能力では十分に対応できない可能性もあります。そこで最新テクノロジーを駆使したマテハン機器などを導入することでフルフィルメント業務の最適化を実現するということになるのです。

マイクロ化されたフルフィルメント業務はサプライチェーンのデジタルプラットフォーム上で企画・開発、生産、流通などの各領域が結び付けられることになります。

サプライチェーンのデジタル化が進めば、それにあわせてマイクロ化のトレンドも色濃く出てくることになり、物流施設もそれに合わせた進化を遂げつつあるというわけです。

国内不動産開発企業の物流不動産ビジネスへの参入

外資系不動産開発会社が先行するなかで、国内不動産開発会社も物流不動産市場へ相次いで参入しました。２０１０年代になるとその流れは加速してきました。テレビコマーシャルなども放映されるようになりました。

また自走式施設ではない多層階型の物流施設についても、テナント企業の使い勝手を意識した工夫が施されたり、ファシリティマネジメント（施設管理）に力を入れるなど、日本企業ならではのサービスを充実させる事例も出てきました。

ただし、郊外の比較的地価の安い土地を取得するとはいえ、物流不動産の取得には相当な資本力が必要になるだけに、スタートアップ企業の登場はほとんど期待されていませんでした。それゆえ、「ロジランド」の登場は業界では衝撃をもって受け止められました。

なお、当初は外資系の自走式施設や効率化、標準化され、物流オペレーションの特性に対応した施設開発が緻密に行われていましたが、新規参入が相次ぐなかで、開発側のレベルが下がってきたと指摘する声も出てきました。

また、物流施設開発が相次ぐことから、本来ならば物流施設の立地としては高い評価を得られないと思われるロケーションに大型物流施設が建設されるケースも増えています。

そうした状況をふまえて、テナントである物流事業者などがどのようなオペレーションを求めているのかを理解したうえで、開発を進める重要性が高まってきていることはいうまでもありません。

「三菱地所物流リート投資法人」が運営する「ロジクロス」と「MJロジパーク」

外資系物流デベロッパーが大型先進物流施設で大きな注目を浴びました。しかし日本の物流デベロッパーに物流施設開発のノウハウがないというわけではありません。むしろ、日本の物流特性や不動産市場の特殊性を理解しているのは国内企業です。

「三菱地所」も物流施設事業に力を入れて、独自開発した物流施設について「ロジクロス」ブランドを展開しています。また第三者から取得した物流施設についても「MJロジパーク」ブランドを展開しています。

三菱地所では安全性、快適性、機能性、柔軟性を物流施設の機能におけるキーワードにあげています。

昨今大型化する自然災害への対応などが物流施設にも求められるようになってきました。安全性の高い物流施設の必要性が増しているともいえるでしょう。地震などでも荷崩れを起こさない免震、耐震機能にもテナントの注目は集まっています。三菱地所は物流施設の運営にあたり、大規模非常用発電機や防災備品も充実させています。

また快適性も重要とされています。テナント企業の従業員などが快適に使える共用スペースとして休憩できるスペースなどを充実させたり、共用スペースへのＡＩ掃除ロボットの試験的な導入を行ったりすることで、物流施設の快適性のさらなる充実を図っています。

機能性という面からは、支障なくフォークリフト荷役ができ、固定ラックを導入して十分な保管効率を発揮できる梁下５・５メートル、柱スパン10メートル以上、トラックバース間口高４・５メートルなどの標準仕様で対応しています。また、自走式ではない多層階型物流施設では大型荷物用エレベータや高機能垂直搬送機などの設備が導入されています。

さらにテナントの物流特性などにあわせて、必要な電源容量を確保できるようにしたり、間口対応を行ったりするなどの柔軟な対応を行っています。

ＴＲＣによる物流施設のプロパティマネジメントを展開

物流施設においてもプロパティマネジメント（ＰＭ）の重要性が指摘されています。

ＰＭとは、不動産の資産管理に関わる業務を指します。物流施設についていえば、物流施設の維持や管理に加えて、テナント誘致や賃貸借業務の代行、賃料などの請求や回収などが該当します。またトラブルやクレームが発生した場合の処理なども行います。

物流施設の場合、住居施設や商業施設などとは異なる特徴の把握が必要になってきます。たとえば物流施設では、柱、梁、床などのスペックが貨物の重さや大きさに大きく左右されます。またエレベータや垂直搬送機の付近はフロアが傷みやすかったり、高い天井の照明の交換・管理などの施設の保全・メンテナンスなどに、独自のノウハウが必要になったりします。物流現場がどのようなプロセスや流れで施設を使っているのかを十分に把握していないと、しっかりとしたＰＭは難しくなります。一般的な不動産のＰＭとは少々異なるわけです。

この点について、「三菱地所物流リート投資法人」は、「東京流通センター」にＰＭ業務を委託することで、緻密なＰＭを推進しています。物流施設の開発などを行う三菱地所グループとリートを運用する三菱地所物流リート投資法人に、ＰＭ業務の中心として対応する東京流通センターの三者が相互に連携し合う体制がとられているのです。テナントとなる物流企業などにとっては、先進的な物流施設を十分なケアを受けながら活用できるということになり、効率的な物流実務を展開できるということになります。

「東京流通センター（ＴＲＣ）」は１９６７年に「株式会社東京流通センター 設立準備室」が東京商工会議所内に設置されたことに始まる長い歴史を持ちます。日本における現代的なマルチテナント対応の大型物流施設の先駆けともいえる存在です。

外資系物流施設では大型施設の１棟貸しなどが目立ちますが、ＴＲＣは柔軟な区画割りでテナント企業のニーズに対応して、幅広い倉庫面積を提供しています。

物流面以外での利便性も高く、１５００台を収容できる駐車場設備や飲食店などの充実にも力を入れています。

さらに物流施設に特化したＰＭを自社施設以外にも展開しています。また「ロジクロス」、「ＭＪロジパーク」ブランドの双方の施設管理を行っています。最先端の物流施設から築古倉庫のＰＭの管理にも長けているのです。

トラック自動運転時代を見据えた中核の物流拠点開発

さらに三菱地所では、隊列走行型、あるいは無人のトラックによる自動運転の増加を視野に入れて、高速道路インターに直接アクセスできる物流施設の開発、建設を進めています。

たとえば、京都府城陽市東部丘陵地青谷先行整備地区（Ａ街区）の「次世代基幹物流施設」は、自動運転のトラックに対応することを念頭に、新名神高速道路のインターから直結した専用ランプウェイを設置するというものです。物流ＩｏＴ、物流ＤＸなどの最先端技術に対応できる物流施設として注目されています。

物流業界では働き方改革関連法の施行などにより、トラックドライバー不足が深刻化すると考えられていますが、その対策として、隊列走行型トラックや無人運転トラックの本格導入が期待されています。

しかし、一般道での自動運転には交通事故などが発生した場合の責任の所在の明確化や一連の法的整備など、技術面以外の課題も残っています。

そうした状況のなか、想定されるのは「人身事故、対人衝突事故の可能性が低く、リスク分析の難度が比較的低い高速道路に自動運転専用ラインなどを設けて貨物トラックを走らせる」という流れでしょう。

けれどもその場合も、「高速道路を下りたあとの一般道での事故のリスク」が懸念されるわけです。

そこで「高速インターに専用ランプウェイを設けて、物流施設と高速道路をダイレクトに結びつけてしまう」という発想が出てきたのです。

もちろんそうなれば、無人運転トラックを軸に物流センターのさらなるスマート化、そして無人化という可能性が高まってくるでしょう。それゆえ今後の先進的物流施設のさらなる進化を期待させる事例となっているのです。

物流インフラプラットフォーム構想を支える「ＣＲＥロジスティクスファンド投資法人」

物流施設の管理に定評のあるＣＲＥグループは「物流インフラプラットフォーム構想」を事業ビジョンとして掲げています。物流インフラプラットフォームにより、物流施設のみならず、人材確保、在庫管理システム、物流センターの自働化なども提供することにより、物流不動産の利用価値を高めていくということです。

ＣＲＥグループの強みは物流施設の開発のみならず、リーシング事業に強みを発揮できることともいえます。外資系、国内大手などとの大きな違いともいえるでしょう。さまざまな仕様、規模の倉庫・物流施設に関する情報ネットワークを有し、それら物流施設を高い稼働率でリーシングを行っています。リーシング物件などの細かい賃料設定も得意としています。CREグループは顧客との丁寧なコミュニケーションを重視しつつ、必要に応じて賃料の増額も行っています。加えて、流通ソリューション事業を展開し、ネット通販向けの物流プラットフォームを提供しています。物流不動産について、物流企業の実際の細かい倉庫需要などに対応しつつ、ネット通販のフルフィルメント業務に対応するクラウド型プラットフォームを提供するなど、たんに物流施設というハードを提供するだけでなく、物流企業や荷主企業の現場レベルでの実務にも即したサービスを展開しているともいえるでしょう。

さらにマスターリースにも力を入れています。マスターリースとは不動産会社が第三者へ転貸することを目的に物件を借り受けることを指します。物流不動産などを一括して賃貸借し、貸し出すのです。マスターリースを活用することで空室率に左右されずに安定的な賃料収入を確保したり、高い賃料収入が期待できることにもなるのです。また投資法人は、延床面積5、000平方メートル以上の物件を投資対象としていて、減価償却費分の手元資金を生かして、数十億円規模の物件取得なども可能とし、外資系物流特化型リートなどに比べて小回りの利く動きができます。

外資系や国内大手の大型施設のみを中心に扱う物流デベロッパーとは異なり、専門的な視点からのポートフォリオを生成しています。物流特化型リートのなかでもユニークな、価値ある存在といえるでしょう。

絶妙のタイミングだった日本初の物流特化型リートの日本ロジの上場

「日本ロジ」は本来ならば、物流特化型リートの代表格ですが、物流不動産の草創期の流れも考えて、紹介の順番は少しあとに持ってきました。

確かに物流特化型リートとして、最初に上場したのは「日本ロジスティクスファンド投資法人（日本ロジ）」ですが、大規模な都市開発で注目を集める日本ＧＬＰ、２０００年代の初頭に最初に物流ファンドに乗り出したプロロジス、物流不動産の老舗である東京流通センターをＰＭに抱える「三菱地所物流リート」、リーシング事業やマスターリース事業なども含めて物流不動産に高い専門性持つ「シーアールイー」などをまずは紹介したうえで、日本ロジの独自性や意義についても触れておきたいと考えたからです。

日本ロジがＪ－ＲＥＩＴに上場する前後、物流不動産の関係者の間でしきりに議論されていたのは、「物流ファンドは私募ファンドでいくべきか、Ｊ－ＲＥＩＴに上場させるべきか」ということでした。

Ｊ－ＲＥＩＴが２００１年９月に「日本ビルファンド投資法人」と「ジャパンリアルエステート投資法人」の上場で始まった際に、多くの人が感じていたことは、「Ｊ－ＲＥＩＴというのは不動産投信の上場型だが、それはオフィスビルなどが中心になるべきもので、物流とは無縁な存在だ」ということでした。

実際、その流れは２０００年代の前半まで続きました。外資系物流デベロッパーが大型の先進的物流施設を相次いで開発し始めた段階でも、多くの不動産企業は様子見の段階で、「いくつか大規模物流施設が竣工されてもいずれ頭打ちとなるはずだ」と考える関係者も少なくありませんでした。日本ロジの上場前夜はまさにそうした雰囲気が物流不動産を取り巻く関係者の間に充満している状態といえました。

したがって、日本ロジの上場は、物流不動産の歴史的に考えれば衝撃的な出来事ですが、当時の状況を考えれば、「その評価は後世に委ねられる」という感じであったと思います。

しかし、そのＪ－ＲＥＩＴ上場は先見の明もあり大きな成功を収めたといえるでしょう。スポンサー企業にリートに詳しい「ケネディクス」が加わっているのも大きな強みの一つでした。

実際、日本ロジの上場のタイミングは絶妙でした。当時の外資系物流デベロッパーは、J－REITよりも大型物流施設の物流業界への認知や案件の相次ぐ開発に時間と労力をかけていたので、J－REIT上場に関わる一連の準備については後手に回っていたように思われます。

しかも外資系企業の物流不動産の開発事業がようやく軌道に乗り、余裕ができてきたタイミングで2008年にリーマンショックが発生してしまいました。これによりさきに紹介したように外資系物流デベロッパーは業界再編を余儀なくされてしまったのです。

そのため、外資系物流デベロッパーが態勢を立て直して、物流特化型リートをJ－REITに上場させるのは、日本GLPの2012年の上場まで待たなければならなくなったのでした。

先行者利益でJ－REIT市場で存在感を発揮する日本ロジ

2000年代初頭のロジスティクス（戦略物流）の黎明期には「どこにどのような物流倉庫があるのか」ということ自体が専門性の高い業界情報でした。

故人となった筆者のよく知るある物流コンサルは関東一円の空き倉庫情報の敷地面積、立地、賃料などを書いたメモを大切に持ち歩いていました。

「このメモには関東一円の空き倉庫情報が詳しく書いてある。どこでどれくらいの倉庫があるか、足で稼いで調べたもので、大切な商売道具だ」――。

生前、彼はそのように語っていました。

実際、「どこにどれくらいの規模の倉庫があり、賃料はどれくらいなのか」といった倉庫情報が、倉庫情報サイトなどで検索できるようになったのはもう少しあとのことで、当時は倉庫情報が「ロジスティクスの高度化に役立つ」という発想すらありませんでした。

他方、外資系物流デベロッパーが相次いで大型の先進物流施設を開発、建設を始めた頃、「物流施設の立地をどのように選定するのか」ということが大きなポイントともなりました。

東京、横浜の港湾の倉庫街には既存のストック型倉庫が立ち並んでいました。しかし、新たにファンドで大型物流施設を建設するとなると、既存施設とはバッティングしないエリアに自由度の高い広い敷地が必要となりました。また、好立地の一部倉庫はリニューアルなどを加えることでより効果的に活用できるとも考えられました。

当時、こうした分野の専門家は多くはありませんでした。

しかし、少数ながら倉庫の立地事情などに詳しい物流不動産関係者からヒアリング調査などを行うことは可能でした。外資系物流デベロッパーもそうした情報を丹念に入手していましたが、当初は立地がわかりやすい東京都江東区木場や大田区平和島などに物流施設を開発、建設していくことになったのです。ただし、それは開発の視点からのリサーチによる対応で、既存物件を取得していくという発想は、少なくとも2000年代前半の外資系物流デベロッパーにはなかったように思えます。

このような状況のなか、既存の物流施設をその立地条件や建築特性、オペレーションとの相性などから評価して、取得を目指していったのが、日本ロジのメインスポンサーとなる三井物産でした。物流施設の将来性を見抜いた三井物産の先見性と物流施設に対する情報収集力が格段に優れていたともいえるでしょう。

実際、日本ロジが上場した2005年頃には、物流施設を投資対象として物件取得する投資家は他にほとんど存在しない状態でした。商業地域にたとえていえば、銀座や新宿などの好立地の物件を、いまから考えれば破格の条件で取得できたわけです。東京湾岸エリアや国道16号内エリア、外環道などの物流の要衝に位置する物件をいち早く押さえることに成功したのでした。

再開発プロジェクトによる既存施設に多大な付加価値

好立地の物流施設を取得した日本ロジが推進しているのがＯＢＲ（保有物件の再開発）です。ＯＢＲは旧式の築古倉庫を最新の物流施設に建て替えるといった取り組みを指します。ＯＢＲを適時行うことで物流施設の収益性を向上させることが可能になります。

たとえば、首都圏の好立地にあった平屋建て、築35年の2棟分離型の物流施設を立て直すことにより、統合して1棟とし、4階建ての2階部分に、直接トラックがアクセスできるスロープを導入するというかたちで再開発を行いました。その結果収益力が4・6倍に上昇するなど、大きな成果を得ています。すでに物流施設の立地として好条件を備えているエリアに目をつけ、築古倉庫を建て替えることで、テナント需要を的確に把握することができるのです。

また優良物件の取得を他社に先駆けて行ったことで先行者利益として大きな含み益を得ることにもなりました。含み益が大きければ、必要に応じて売却益を得ることができます。また地価が下落した場合でも含み損が発生しにくくなります。

繰り返しになりますが、2008年のリーマンショックの影響を物流不動産業界も強く受けました。とくに物流不動産業界をけん引していたプロロジスは米国経済の影響をまともに受けました。その他の外資系物流デベロッパーも2008年から数年間は日本における動きも鈍ることになりました。もちろん、萌芽しつつあった日本の物流不動産企業の多くもリーマンショックの影響を受けて、成長が止まりました。

しかし、そうしたなかで、日本ロジがリーマンショックから受けた影響は最小限で、外資系デベロッパーや国内企業の追撃をかわすことができたのです。

その優位は、少なくとも2012年に日本GLPがJ－REIT史上二番目の物流特化型リートとして上場を果たすまで続きました。「プロロジス」（2013年上場）や「ラサール」（2016年上場）などの物流特化型リートは大きく出遅れることになったのでした。

「物流不動産市場の拡大と推移をウォッチしていると、物流施設を起点に巨大規模の地域開発を成功させた日本GLPや自走式物流施設をファンド化の標準スペックにまで押し上げたプロロジスなどの外資系デベロッパーは確かに物流不動産市場の覇者かもしれません。しかし、J－REIT市場への物流特化型リートのタイムリーな参入や優良立地での再開発による資産価値の向上など、優良物件の手堅い取得や運用という面では日本ロジが業界の先頭を走っている」という分析、指摘も出てきているのです。

消費地への優れたアクセスの物流適地を押さえるラサールの戦略

世界的な不動産投資会社である「ラサール・インベストメント・マネージメント（ラサール）」の日本法人がスポンサー企業となる「ラサールロジポート投資法人」はJ－REIT4番目の物流特化型リートとして、2016年に上場しました。日本ロジから遅れること10年ですが、スポンサー企業である「ラサール不動産投資顧問」は2000年代前半からJ－REIT市場でも存在感を発揮していました。

というのは、2005年に「イーアセット投資法人」を買収していたからです。2008年には「ラサールジャパン投資法人」と商号を変更しました。もっともラサールジャパン投資法人は商業施設、オフィスビルなどの運用で物流特化型リートというわけではありませんでした。

ただしラサールもリーマンショック大きな影響を受けて、ラサールジャパン投資法人は「日本リテールファンド投資法人」に吸収合併されることになりました。

ラサールがリーマンショックからのリカバリーを遂げて、体制を立て直し、物流特化型リートに焦点を絞ってJ－REIT市場に舞い戻ってきたのは2015年のことでした。

ラサールの方針は、首都圏、関西圏の物流適地に集中して物流施設「ロジポート」を建設していくという戦略です。さらに近年は名古屋・東海エリアにおける開発にも乗り出していますが、基本的には東海道を東西に結ぶ東京、名古屋、大阪の消費地をターゲットにできる先進的物流施設の開発ということになります。高速インターなどの近くにマルチテナント型の先進的物流施設を建設していくという方針です。

近年、注目された動きとしては、「大型物流施設の空白地帯」といわれた名古屋・東海エリアにナゴヤドーム7個分に相当する巨大物流施設を建設したことがあげられます。名古屋といえば、「トヨタ自動車のお膝元」ですが、トヨタ生産方式、ジャストインタイム方式では「工場外には物流倉庫は設けない」というトヨタの方針が浸透していたことから、大型物流施設の開発、建設を躊躇する物流デベロッパーが少なくありませんでした。

しかし、「当日発注当日納品」などの過度なジャストインシステムの実践はサプライヤー（部品メーカー）に負担を強いるという声も出てきており、ジャストインタイム（無在庫方式）からジャストインケース（在庫適正化）がトレンドとなってきました。在庫をある程度持つことでサプライチェーン上の想定外のリスクに対応していこうという考え方です。

その流れのなかで名古屋・東海エリアでも大型物流施設の必要性が高まるという読みが出てきたわけでしょう。トラックドライバーの働き方改革関連法や労働時間、運転時間の適正化が進むなかで、関東・関西をダイレクトに結ぶのではなく、中継地点としての名古屋・東海エリアの機能と消費地としてのさらなる飛躍の可能性を鑑みて、先頭を切って、開発に着手したともいえるでしょう。

総合デベロッパーとしてのノウハウを物流ビジネスに集結

後発ながらも満を持しての登場といってよいのが「三井不動産ロジスティクスパーク投資法人」です。物流特化型リートとしてはＪ－ＲＥＩＴには5番目の上場となりました。ビル事業、ホテル事業、住宅事業、商業施設事業などを大きく成功させてきた三井不動産が物流特化型リートを上場させてきたことに、物流不動産業界も驚きの目を向けました。そしてこれほどのビッグネームの物流不動産市場への参入は「物流施設への投資は手堅い」というマーケットの評価を確定させることにもつながったといえましょう。

ここは、物流施設を投資比率の80％として、残りの20％をインダストリアル不動産としているのが大きな特徴です。インダストリアル不動産とは、ここではデータセンターを指すようです。データセンターとは、コンピュータなどを設置、運用する施設です。サーバーなどの設置場所、電源、インターネット接続回線などを提供します。クラウドの活用に比べて、ＩＴ危機やネットワークをカスタマイズでき、システムトラブルなどの発生に迅速に対応することが可能になります。また情報漏洩、流出、改ざんなどのリスクを軽減できます。

今後のさらなるデジタル化、デジタルシフトの流れのなかで、データセンターの重要性は高まると考えられています。

実際、米国のビッグテックなどもデータセンターの建設に余念がありません。

たとえばグーグルは、千葉県印西市に大規模なデータセンターを開設しています。またアップルも世界各地にデータセンターを開設しています。

デジタル化の波が留まるところを知らないことから、今後もデータセンターの増設は続いていくことになるでしょう。

さらにいえば、データセンターは大都市の中心部などに設置する必要がないこと、相当な敷地面積を必要とすることなど、物流施設の開発、運営と似ている点も多いといえます。したがって物流施設に加えて、データセンターを投資対象に加えるということは、これからの時代の流れを的確に把握したうえでの方針、戦略ともいえるでしょう。

「まちづくり型ロジスティクスパーク」を展開

「三井不動産ロジスティクスパーク」が展開する象徴的な物流施設が、「MELP船橋」と「MELP茨木」といえるでしょう。

スポンサー企業の三井不動産は船橋市については、「ららぽーとTOKYO‐BAY」を開発した実績がありますが、東関東の物流の要衝である船橋市に免震構造、全館LED照明採用のうえ、地域活性化とも密接にリンクさせたかたちで「MELP船橋」を竣工しました。「まちづくり型ロジスティクスパーク」といえるもので、たとえるならば野球場がボールパークとなり、そこにさまざまなアメニティが集結するように、物流施設の地域との共生を念頭にカフェテリア、保育施設、福利厚生施設に加えて、地域にも開放された緑地空間2万平方メートルが設けられています。

また関西でも「MELP茨木」が竣工し、船橋と同じように、地域との共生を念頭に入れた物流施設開発が行われています。専門的にはダブルランプウエイ方式が導入され、トラックによる納品、出荷体制の円滑化が配慮され、荷待ちトラックの発生などを最小限に抑える工夫が施されています。

さらにいえばポートフォリオのなかにプロロジス、日本ＧＬＰが開発した既存物件を取得し、組み入れるなど、懐の広いポートフォリオを構成しています。

物流施設と地域との共生を図り、環境やＢＣＰにも配慮していくという方針は、商業施設やオフィスビルなどの開発で生かした知見と実績を生かしていくということになるでしょう。

物流施設の独自性を追求していくというよりも、「さまざまな不動産の活用形態の一つ」と位置付けて地域に溶け込ませるという方針といえましょう。

北港油槽所と南港乗下船ヤードを組み込む「ＳＯＳ·ｉＬＡ物流リート」

住友商事グループがスポンサー企業となり、大型先進物流施設を基軸にグループの保有不動産や関連企業などのネットワークをまとめ上げていくのが「ＳＯＳｉＬＡ物流リート」ということになります。物流施設をたんに提供するだけではなく、物流効率化の骨格としても活用できるかたちとすることに力点を置いています。

物流ＤＸについても力を入れて、テナント企業の庫内作業の自働化や省人化をサポートできる体制作りにも取り組んでいます。

ネット通販物流に定評のあるオープンロジや、庫内のピッキングや包装・発送作業の進捗をリアルタイムで可視化する「スマイルボードコレクト」、庫内ドローンの遠隔操作などを行うセンシンロボティクスなどとのリンクも推進しています。

「ＳＯＳ·ｉＬＡ物流リート」も物流施設に加えてインダストリアル不動産を組み込んでいますが、三井不動産ロジパークとは異なり、北港油槽所（底地）と南港乗下船ヤード（土地）といった、一種の物流インフラへの投資となっています。

太陽光発電パネルに加え、壁屋上緑化、面緑化を施したり、緑地公園を設けたりするなど、持続可能な物流施設を目指しています。物流施設の建設にあたっては、サンドイッチパネルを採用して断熱性を強化しています。物流施設の外壁に断熱材を挟むことで施設内の冷暖房効率の向上を図っています。

ちなみにスポンサー企業である住友友商事のルーツは大阪北港にあり、大阪北港地帯の造成などを進めてきた歴史もあります。今後、大きな伸びが期待される京阪神圏の物流施設を中心とする都市再開発にも、ノウハウを発揮していくことになるはずです。

Ｊ－ＲＥＩＴ上場は２０１９年と後発組ですが、私募ファンドなどの実績も豊富で、物流施設についても手堅い方針でポートフォリオを充実させていくことが期待されています。先行する物流特化型リートの展開する先進的物流施設の長所などもふまえつつ、独自の視点からの物流施設開発を展開していくことになるのでしょう。加えていえば、物流施設の稼働率も１００パーセントと申し分のない状態で賃料収入も安定しています。

住友商事グループによる一気通貫のサポート体制の構築で、物流企業などの信頼をより一層高めていくことになるでしょう。

物流不動産業界に新しい風を吹き込んだ「大和ハウスリート投資法人」

物流施設特化型リートではありませんが、「大和ハウスリート投資法人」についても注目しておく必要があります。大和ハウスリートの場合は物流リートは全体の半分ほどで残りは商業施設、ホテルなどですが、資産規模と時価総

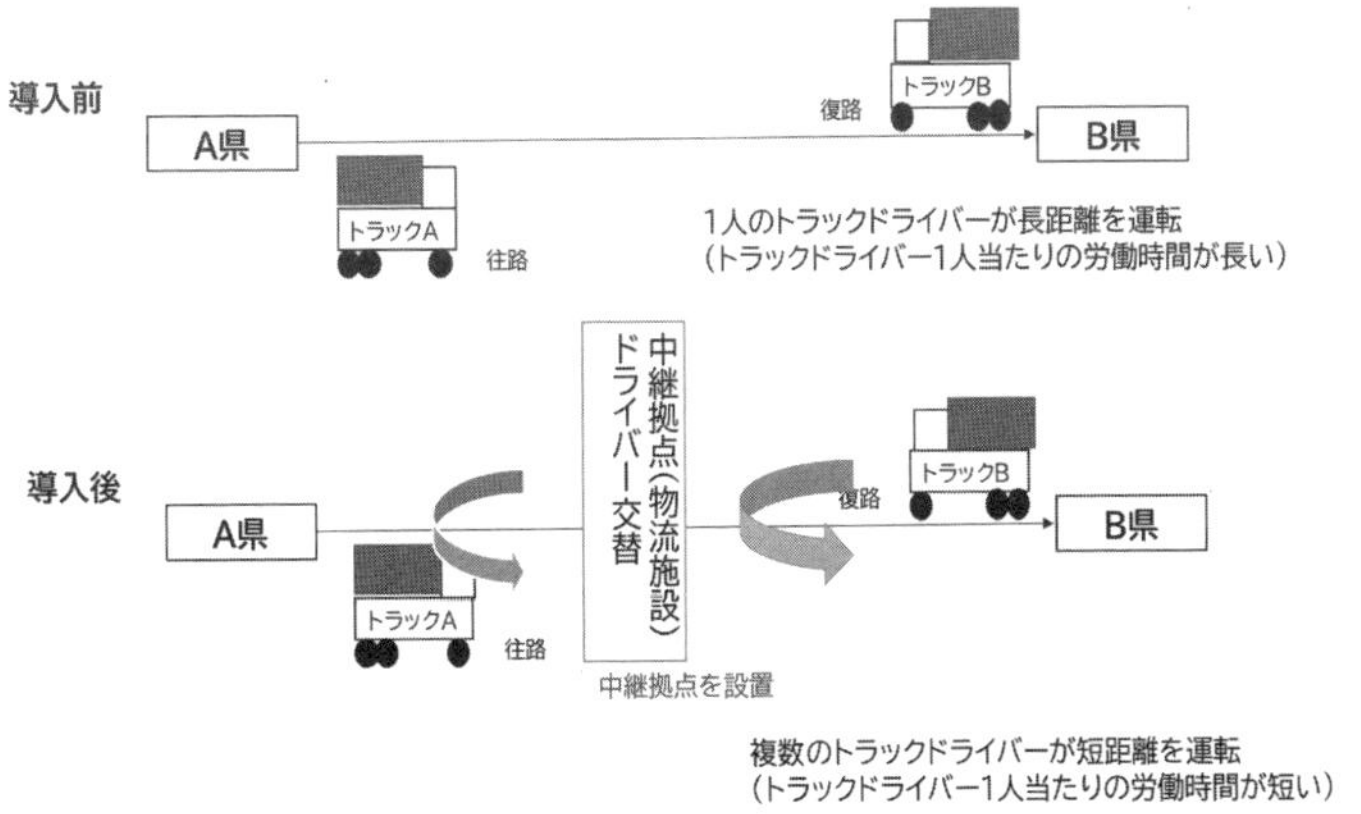

中継輸送のイメージ

額が大きいことから、物流施設への投資も多くなっています。また物流の要衝に大型施設を相次いで開発、建設していることから、物流業界でも「大和ハウスリートは物流施設開発について高度なノウハウを持ち、実行力がある」という評価が定着しています。

したがって、物流施設特化型リートを購入する際には、重要なランドマーク銘柄として、チェックしておく必要があるのです。

スポンサー企業である大和ハウス工業グループは物流施設の開発、建設を積極的に推進、展開しています。「DPL」ブランドのマルチテナント型物流施設は首都圏、関西圏はもとより、全国各地に広がっています。

大和ハウス工業の物流施設開発の特徴は首都圏や関西圏に限定した物流施設の建設ではなく、全国ネットワークの構築を視野に物流施設を相次いで建設していることにあります。たとえば、「マルチテナントの大型物流施設の需要はないのではないか」といわれていた富山県射水市にも物流施設を竣工させ、満床としています。

さらにいえば、働き方改革関連法との関係で懸念されるトラックドライバー不足を解消するために注目を集めている中継輸送の積み替え拠点を充実させるという方向性を打ち出しています。中継輸送ではトラックドライバーが交替し、トレーラーなどを切り替え、貨物を引き継いでいくのですが、そのためにはこれまで以上に多くの積み替え拠点としての物流施設が必要になってきます。また、既存の中小規模倉庫を近隣エリアに複数有する物流企業に、専用の大型先進物流施設への建て替えを提案し、物流効率化、高度化を側面からサポートしています。

さらにいえば、スポンサー企業の大和ハウス工業がワンストップ・ロジスティクス・ソリューションを提供し、顧客企業の物流施設向けの不動産からサプライチェーン診断、適正拠点コンサルティングや保有不動産の利活用、事業パートナーの紹介などを提案しています。加えて、グループ企業の「フレームワークス」が提供する倉庫管理システム（ＷＭＳ）や「ＧＲＯＵＮＤ」が提供する物流ロボットＢｕｔｌｅｒ、さらにはＷＥＳ（倉庫実行システム）などを組み合わせた次世代型物流施設（インテリジェント・ロジスティクスセンター）の共同開発なども推進し、さらなる物流施設事業の拡大を目指しています。

きわめて高い次元での究極の物流施設のゴールが設定されているといっても過言ではないでしょう。

ただし、大和ハウスリート自体は物流施設特化型リートではなく総合型リートであり、居住施設、商業施設、ホテルなどもポートフォリオを構成しています。もっとも、大和ハウス工業はシンガポール証券市場のＲＥＩＴ（Ｓ－ＲＥＩＴ）に「ダイワハウス・ロジスティクス・トラスト」を上場させています。今後はさらに物流施設開発に関わる高度なノウハウを国内外で生かしていくことは間違いないでしょう。

手堅い運用を見せる伊藤忠グループの「アドバンス・ロジスティクス」

伊藤忠商事などをスポンサーとする物流特化型リートの「アドバンス・ロジスティクス法人」のＪ－ＲＥＩＴ上場は２０１８年で、旧財閥・総合商社系などの国内企業がスポンサーとなる物流特化型リートとしては、先行者利益でリードする日本ロジや緻密なＰＭを武器にする三菱地所物流リートの後塵を拝しています。

しかし、スポンサー企業の伊藤忠商事は、「アドバンス・レジデンス投資法人」を２０１０年に上場させていて、リート運営のノウハウには長けています。ちなみにアドバンス・レジデンスは賃貸住宅特化型リートとしてＪ－ＲＥＩＴ市場最大級の規模を誇っています。

物流施設の稼働率もほとんどの施設が１００パーセントで、テナント企業についてもＥコマース企業や３ＰＬ企業などを中心に全体の60パーセント近くを伊藤忠グループとその顧客企業でカバーするなど、手堅い運用を行っています。大消費地にも近くアクセスのよいロケーションを中心とした開発であることから倉庫内作業者などの手配や求人も円滑に行われています。

またたとえば、テナントの３ＰＬ企業の要望を受けて、事務所と倉庫部の動線を最短とするようなに配置レイアウトを調整したり、平滑度の高い床面やトラックバースを高床・低床併用型としたりするなど、物流企業のオペレーションの効率化をフォローできるかたちでの物流施設設計も行ってきました。

着実にテナント企業を確保して高い稼働率で施設運営を行い、手堅い優良立地の物件を取得していくことから安定的な成長が見込めると考えられます。

なお、スポンサー企業の一つである伊藤忠都市開発が、米資産運用大手の「ブラックロック」の私募ファンドに開発した物流施設を譲渡するなど、伊藤忠グループで開発した物流施設の譲渡先がこれまで以上に広がっていく可能性も出てきています。

その流れをいかにプラスに生かしていくかも、注目されていくことになるでしょう。

非上場オープンエンド型投資法人として物流施設に力を入れる「ESR投資法人」

J-REITには上場していないものの、物流施設の開発、建設に力を入れているのが、ESRグループです。既存の倉庫、物流施設のイメージを刷新する先進的な大型物流施設の建設を進めています。施設内の壁面が現代アートで表されるなど、これまでの補完型倉庫などとは一線を画しています。

象徴的な開発として、川崎市東扇島に建設した9階建てのマルチテナント型先進物流施設があげられます。荷待ちトラックの発生を抑えるダブルランプウエイ方式で、45フィートの大型トレーラーも通行可能な余裕のある自走式物流施設となっています。

入出荷バースにはドックレベラーを設置して、フォークリフト荷役などを円滑に行える環境を整えています。また、特別高圧電力の供給を行い、冷凍冷蔵や物流DXに十分対応できるだけの電力サプライ体制を構築しています。

外観にもこだわり、壁面緑化やカーテンウォール（軽量外壁）なども採用し、景観的にも美しい物流施設を完成させています。また、フィットネスジムやバイリンガル保育を行う託児所などを設けて従業員が十分な満足のもとに働ける環境作りも行っており、バーラウンジ、ガーデン空間やスカイラウンジ、ピクニックエリアなども設けています。さらには東扇島とJR川崎駅を往復する送迎大型バスの運行サービスも行っています。

従来の倉庫の持つ厳しい労働環境を連想させるイメージから、明るく洗練されたイメージのロジスティクスセンター、「サプライチェーンの司令塔」であり、地域とも一体となれる「ロジスティクスのパーク化」に向けて、物流施設は歩み出しているようです。

20世紀の建築を語るならば、たとえばスポーツ施設や文化施設、商業施設、歴史的モニュメントなどが誰の頭にも思い浮かぶことでしょう。

しかし、21世紀の少なくとも最初の25年について語るならば、代表的な建築物のかなりの割合は物流施設で占められるかもしれません。

そしてＥＳＲが目指すという「ヒューマン・セントリック・デザイン」（人を中心に考えたデザイン）の理念は伝統的な倉庫から先進的なロジスティクスセンターへと大きく飛躍しつつある、物流施設の今後の在り方の指針となるのかもしれません。

第5章　日本中が倉庫だらけで物流不動産は過剰供給となるのか？

相次ぐ物流施設開発で物流適地は大都市の中心から次第に離れていく傾向が出てきています。また、スペックなどについても、「先行する大型物流施設を見よう見真似で表面的な部分だけを模倣している」と評価されてしまう施設も出てきているようで、供給過剰が心配されています。しかし、それでも大型物流施設の需要はまだまだ強く、大型開発は引き続き行われることになりそうです。本章では大型物流施設が必要とされる物流業界などの事情や背景を解説していきます。

懸念される物流施設の過剰供給

物流不動産市場の拡大は留まるところを知らないといえましょう。第4章ではJ－REIT上場の主要な物流デベロッパーなどを紹介しましたが、それは物流不動産市場のほんの一部といえます。

J－REIT上場の物流施設特化型投資法人のスポンサーとなっていなくても、大手不動産会社は物流施設の開発、建設に熱心に取り組み始めています。総合型リートのポートフォリオの一部に組み込ませるかたちならば、オリックス不動産や東急不動産、野村不動産なども物流施設の開発を行っています。

しかし首都圏や京阪神圏で相次いで開発される物流施設を見ていると、高度成長時代に日本中にゴルフ場が建設された悪夢を思い出してしまうかもしれません。

はたして、これほどまでに物流施設が相次いで建設される必要があるのでしょうか。さらにいえば、そうした「物流不動産バブル」はいつかは崩壊するのでしょうか。

実は、物流不動産業界でもバブル化する物流施設の建設を懸念する声は小さくありません。それも「この数年、懸念の声が大きくなってきた」といった話ではなく、リーマンショックの前あたりから、供給過剰の「オーバーウエアハウス」を懸念する専門家の声がありました。

しかし、そのたびに社会環境が変化して、結果として物流施設のさらなる建設が後押しされるようになったのでした。

時系列に沿ってこれまでの流れを見ていくと、２０００年代の前半、先進的物流施設の建設を後押ししたのは物流業界における３ＰＬを推進する大きな流れでした。２００２年の50年ぶりの倉庫業法の大改正などの流れを受けて、大型物流施設の建設を外資系物流デベロッパーが開始すると、３ＰＬ企業は最新の大型物流施設への移転を物流改善、ロジスティクス改革の目玉として顧客企業に提案するようになりました。

「最新の先進的な大型物流施設で高度な物流オペレーションを実践する」ということが物流に力を入れるメーカーや小売業、卸売業には、とてつもなく大きな魅力となったのでした。

この流れのなかで、先進的な大型物流施設は「建設すれば満床」を繰り返していったのでした。

さらにいえば、大型物流施設には常に投資家、ファンドという紐がついてきました。資金面での不安もほとんど感じられなかったのです。

注目されるようになった首都圏以外での物流施設の開発

ところが大型物流施設が相次いで建設されていたタイミングでリーマンショックが発生しました。これにより、それまで破竹の勢いで物流施設を開発していた外資系物流デベロッパーも、追撃を開始していた国内物流デベロッパーも大きなダメージを受けました。

その結果、物流不動産への投資は一時的にストップしました。

一例をあげるならば、当時の有力なデベロッパーであった「ニューシティ・コーポレーション」は、横浜市に延床面積で約56万平方メートルに及ぶ巨大物流施設を建設する予定でしたが、リーマンショックの影響で頓挫してしまいました。ニューシティによりＪ－ＲＥＩＴに上場した「ニューシティ・レジデンス投資法人」も２００８年に民事再生法の手続きを申請して、Ｊ－ＲＥＩＴ史上初の経営破綻となりました。経営破綻した物流不動産企業はニューシティに留まりませんでしたし、生き残った物流不動産企業もどこも少なからぬキズを負うことになりました。

しかし、確かにリーマンショックで物流不動産業界は大きなダメージを受けましたが、それは物流施設の需要減を意味することでもありませんでした。リーマンショックで資金繰りがきびしくなったデベロッパーが続出したというのは疑いようのない事実でしたが、大型物流施設の需要は減少するどころか、むしろ増していったのでした。

ただし、物流施設特化型リートを購入しようと考える一般投資家にとっては、リーマンショックのような米国経済の激変で、J－REIT企業が経営破綻したり、物流デベロッパーの資金繰りが厳しくなったという過去の記憶はしっかりと心に刻んでおく必要があるでしょう。

ちなみにすでに説明してきたように、利益はすべて分配して内部留保は持たないのがリートの特徴ですが、それゆえ、内部留保がないだけにいったん資金がショートしたとなれば、キャッシュフローなどが急速に悪化することにもなるわけです。

さらにいえばリーマンショック前後の日本経済はひどく悪いというわけでもなく、当初はリーマンショックは対岸の火事と思われていました。リーマンショックの影響が日本企業に及ぶまで何か月かのタイムラグもあったようです。

投資にあたっては米国、並びに世界経済の動向も常に把握しておかなければならないという教訓を残したともいえましょう。

リーマンショックの影響を乗り越えて高まった金融商品としての評価

リーマンショックの影響は大きかったものの、米国が対策として金融緩和策を打ち出し、米国債や有価証券の購入を行ったことで、米国の景気は回復基調となりました。そしてその流れのなかで外資系物流デベロッパーは再び、日本市場に資金を向けました。

２０１０年前後の物流施設事情を振り返ると、当時はまだまだストック機能に重きを置いた旧式の倉庫が多く、マルチテナント対応の自走式スロープや十分な天井高や床荷重を備えた現代的な物流施設は全倉庫・物流施設の１パーセントにも満たなかったのです。

したがって、リーマンショックで物流デベロッパーが資金ショートを起こしても、開発途中の物流施設やその用地が放置されたままになるということはほとんどなく、結局は以後、別の物流デベロッパーの手に渡り、開発、建設が行われてきたのでした。それほどに物流施設を求める業界のニーズは大きく、しかもオフィスビルに比べると、賃料の変動幅は小さく、長期契約が多いという強みがありました。

「倉庫、物流センター、すなわち物流施設の開発というと、多くの人はオフィスビルや商業施設などよりも明らかに格下の開発案件のように捉えていました。しかし、実際は物流施設の開発にオフィスビルも商業施設もタワマンや高級ホテルも太刀打ちできないほどのパワーがあることに当時はまだ気がつかない人が多かったのです」――。

ある物流不動産関係者は当時を回顧しながらそのように語ってくれました。ただ、すでにリーマンショックから2、3年を経た時点で、物流施設の金融商品としての価値は投資家や金融機関の間では高く注目されていたのでした。

そして、日米経済がリーマンショックからようやく回復しつつあった２０１１年3月11日に、東日本大震災が発生したのでした。この大震災の影響でサプライチェーンやロジスティクスのトータルフレームワークの見直しが行われ、物流施設の位置付けや考え方も大きく変わっていくことになりました。

東日本大震災で変わった物流拠点の考え方

東日本大震災による影響は多方面に及びましたが、物流に対する影響も甚大でした。サプライチェーンは途絶し、物流網は大きく麻痺しました。物流企業の営業所や倉庫のなかには津波で流されたり、揺れで倒壊したりしたものも少なくありませんでした。

物流センターでは棚から荷物やパレットや段ボール箱などの平積み貨物が崩落したりしました。物流センター内の保管貨物が地震で崩れ落ちると、破損、汚損が発生するのはもとより、「荷崩れすればどこにどのアイテムが保管されているのかまったくわからなくなる」という事態が発生してしまうのです。

ところが大震災の発生以前に、一部の先進的な大型物流施設は免震・耐震構造で設計されていました。「たかが物流施設に免震・耐震構造など、明らかにオーバースペックではないか」と批判する声もありましたが、結果として、免震・耐震構造を導入していた物流施設は大震災の影響をほとんど受けませんでした。荷崩れなどは発生せず、物流オペレーションは震災後も滞りなく行われたのでした。その結果、大震災以降、多くの大型先進物流施設では免震・耐震構造の導入が常識となりました。

また、大型物流施設への入居の理由に「免震・耐震構造が導入されているから」ということをあげるテナント企業も増えました。「旧式の中小規模の倉庫では地震の際の荷崩れリスクを回避できない」と考えられるようになったのです。

さらにいえば、免震構造で震災に強い物流施設を「災害発生時の避難場所として活用できないか」「災害対応のロジスティクスの拠点としても活用できないか」という期待も高まってきました。

リスクヘッジの意味合いから拠点の分散化を図る企業も増えました。大震災の前までは、関東に一極集中することで、在庫も作業者も圧縮するという企業が多かったのですが、震災の影響で「在庫拠点が1か所でジャストインタイムに重きを置いた物流を展開していては、統合拠点が大きなダメージを被った際、バックアップが取れなくなる」と考えられるようになったのです。

それゆえ、たとえば、東西2拠点にするなどの拠点の分散化が進み始め、「関東のみならず関西にも拠点が必要」と考えられるようになりました。さらにいえば、東西2拠点だけではなく、より緻密な輸配送ネットワークの構築に物流施設が関わり、地域活性化にも生かされていくようになりました。関東だけではなく、関西はもとより、全国各地に物流施設開発は広がりを見せるようになりました。もっとも、それでも2015～2016年くらいまで「関西の物流施設需要や規模は関東の4分の1程度」とも言われてきました。しかしそれでも関東以外での大型物流施設の開発、建設が増加傾向をたどり始めたのでした。

そしてその結果、物流施設は「たんに貨物を保管しておくだけの場所」ではなく、物流オペレーションの中心であることはもとより、地域社会に溶け込み、震災発生の際は避難場所となったり、地域社会とに共生を目指したりするようになりました。

需要が増すネット通販対応型の物流センター

東日本大震災から数年経過すると、3PL企業による拠点集約型のビジネスモデルが一段落した感が出てきました。大型先進物流施設の空室率もエリアによっては10～20パーセントに達するようになりました。

しかし、そのタイミングで物流センターを必要とし始めたのがネット通販（EC）でした。フルフィルメントセンターと呼ばれるネット通販向けの物流センターが相次いで建設されるようになったのです。

ＥＣ向けの物流センターは３ＰＬ企業の拠点集約型の物流センターとは異なった特性を持っていました。

３ＰＬ企業の場合、散在する中小規模の倉庫の在庫を大型先進物流施設に集約するのが目的となるので、大型施設に移すとはいえ、在庫は原則的に圧縮されることになります。また、関東にある倉庫を集約すれば、関東一円を商圏と考えた場合の在庫量がストックされることになります。

また３ＰＬ企業は取扱い貨物の特性により、物流オペレーションが微妙に異なってきます。たとえば、重量物が多い家電製品や機械類を扱う場合と軽量貨物が中心の菓子類を扱う場合などでは、庫内作業のプロセスや方が大きくことなってきます。重量物が多ければ、低床型、あるいはドックレベラーが装備されたトラックバースでなければ、荷卸しからフォークリフト荷役に対応できなくなります。反対に菓子類などの軽量貨物ならば、かご車、カートやコンベアを用いた庫内運搬が中心になるので、高床式のトラックバースにダイレクトに接車させて、かご車やコンベアで庫内に運搬するというやり方で対応することになるでしょう。

したがって、マルチテナント型施設で対応するよりもＢＴＳ（ビルドトゥスーツ）と呼ばれるオーダー型の専用物流施設が好まれることも少なくありません。しかし、ＢＴＳの場合、物流施設のスペックが特殊仕様になっているだけに賃貸契約も長くなってきます。もともと物流施設の賃貸契約は長期に及ぶケースが非常に多いのですが、テナント企業として、可能な限りリスクは回避したいので、必要以上に長期となる契約は避けたいところでもありました。

それゆえ、３ＰＬのＢＴＳ型施設に入居できる物流企業は限られてきたため、「大型先進物流施設の需要も先行きは暗いのではないか」といった指摘が出てきたともいえましょう。

実際、３ＰＬ企業が好んだ、物流適地と呼ばれた湾岸エリアや国道16号の内側エリアに新規供給ができなくなると、限られた土地に対して物流デベロッパーが取り合いを始める格好になりました。

「物流適地はもはやほとんど開発し尽くしたし、3PL企業のBTSの需要も一区切りした感じ」という声が強くなってきたのでした。

けれども、ちょうどその時期から需要が伸び始めたネット通販企業のフルフィルメントセンターは、3PL企業の求めたBTS型専用施設とは明らかに異なる物流特性を持ち合わせていたのでした。

ロングテール需要にどこまでも対応しなければならないネット通販の物流施設

さきにも紹介しましたが、EC対応の物流センターを「フルフィルメントセンター」といいます。「フルフィルメント」とは、受注から商品発送、在庫管理、入金管理といった物流センター内での一連の業務の戦略的な流れを指します。

ECにおけるフルフィルメントセンターの作業プロセスは次にようになります。

消費者が通販サイトで商品アイコンなどをクリックして購入すると、その時点で商流は完了します。すなわち、商品の所有権は通販サイドから購入者に移ります。したがって、あとはその商品が在庫のある物流センターから消費者宅に送り届けられればよいわけです。

他方、物流センターでは受注情報が入ると、庫内作業者が指定された商品を棚から探し出して、ピッキングを行い、梱包、検品を行い、方面別の仕分けなどを経て、出荷エリアに運び出されます。そしてこの物流センターにおける一連の出荷関連業務を「フルフィルメント」といいます。

フルフィルメント業務は作業者を数多く使うことになります。棚から商品を取り出し、運搬し、梱包したり検品したりするのを、日々莫大な数量取り扱わなければなりません。当然のことながら、多くの作業者を必要とします。

しかし、物流施設が郊外にある限り、地域によっては作業者の求人がうまくいかないところもあります。たとえ時給や賃金がよくても「過酷な労働環境では働きたくない」という人も少なくありません。

また、郊外ということであれば「バスがなかなか来ない」「電車の便が悪い」「マイカーでないと通えない」といった声が出てくることも十分考えられます。

そこで、物流施設の運営側は、シャトルバスを用意したり、駅から近いロケーションに建設したり、マイカー通勤のための駐車場を用意したり、といった工夫をすることになります。「3K職場ではなく、明るく働き甲斐のある職場である」ということを証明するかのように豪華な食堂を設けたり、フィットネスジムを併設したりといった工夫が行われることもあります。

そしてこうした対応は3PL対応のBTS施設でも見られましたが、より多くの働き手を必要とするフルフィルメントセンターでは、さらに重視されることになりました。

また、従業員確保対策を充実させる一方で、省人化、無人化に対応すべく、物流施設にITやDXに対応できるように電力供給システムや省エネ機能を充実させたり、将来を見据えて、機械化に対応した設備を導入したり、庫内設計に工夫を凝らすというケースも出てきました。

さらにいえば、フルフィルメントセンターは、ロングテール在庫に対応する目的から保管エリアを十分に取れるようにより一層の大型化が求められるようになりました。2000年代初頭には1フロアが1万平方メートルもあれば関東一円を商圏とする場合にも十分な在庫量を確保できるといわれていましたが、2020年代には数万平方メートルのフルフィルメントセンターも珍しくなくなりましたし、アマゾンや楽天のように、数万平方メートル以上の大型物流施設を全国にいくつも必要とするEC企業も増えてきたのです。

圏央道の開通が物流施設増設の追い風に！

加えて首都圏中央連絡自動車道（圏央道）の開通も、首都圏の物流施設の相次ぐ建設の追い風となりました。

２０１０年にプロロジスにより「プロロジスパーク川島」が着工されて、稼働率が１００パーセントに達したのを機に、圏央道への進出が本格化したのです。

「国道16号内側に物流施設の開発ラッシュが発生し、首都圏開発エリアは限界に達した」といわれていた時期に、物流不動産の新しいマーケットが構築されたわけです。

それ以降も高速道路の新ルートが開通したり、地域再開発の目玉が求められたりするたびごとに、「地域開発の目玉」として物流施設の存在が浮かび上がってくることになります。物流施設はそれほどまでに利便性の高い新しいエリア、マーケットを求めていたのです。

「物流不動産は供給過剰になることは当面はない。むしろ、地域開発プロジェクトにおける随一の存在で、物流施設が建設されれば地域開発も成功するといっても過言ではない」。そうした声が関係者から幾度となく漏れ伝わってきます。

実際、第1章でも紹介したように千葉県印旛市の千葉ニュータウンや流山市、相模原市などは「物流施設の街」として大きな発展を遂げました。

関西も新名神の開通とリンクするかたちで、茨木市、尼崎市などに大型物流施設が建設されることになりました。

ただし、物流デベロッパーが無定見に開発を行っているというわけではありません。

「しっかりと物流適地を見極めなければ、空室率が上昇してしまう。交通の要衝であること、物流企業や荷主企業のニーズがあることをしっかりチェックしなければならない。土地が安いとか、人が集まるとかいうだけの理由で開発にゴーサインを出すことはできない」。

しかし、いったん物流デベロッパーがゴーを出せば、流山市や相模原市のように街自体が生まれ変わってしまうほどに巨大な変貌と進化を遂げる可能性が出てくるわけです。

コロナ禍で拡大した物流不動産への投資マインド

しかしそれでもコロナ禍発生の直前の物流不動産市場は「やや飽和傾向にあるのではないか」という声を無視できませんでした。ネット通販の伸びに限界が見えてきたことや、宅配便企業が共働きや一人世帯の増加などで不在配達が増えて、パンク寸前の状況に追い込まれていたこともその要因です。

ところがコロナ禍で状況が一変しました。

在宅勤務が増えたことで宅配便の不在配達は減りました。不急不要の外出が減ることで、ネット通販での買い物も増えました。その結果、ネット通販企業はフルフィルメントセンターの新設を考えなければならなくなりました。また、コロナ禍には日用品や食品が買い占められるという現象が発生しました。「転売ヤー」といった言葉も一般に広がりました。その結果、営業倉庫などの入庫量が大きく増えることになりました。しかし、飲食店や小売店舗の休業や時短も続いたことから、出庫量はそれほど増えない状況が続きました。そしてその結果、保管量が増えて、倉庫の空室率が大きく低下することになりました。首都圏や九州などでは「ほとんどの大規模物流施設の空室率はゼロ」ということにもなりました。

また第1章にも書きましたが、ファンドビジネスの視点から、物流施設の開発投資が「もっとも安定性が高く、手堅い投資である」という見方も広がってきました。

実際、商業施設やホテル、リゾート施設などの需要は完全に消え失せました。タワーマンションなどの賃貸は比較的安定した需要があったものの、首都圏、京阪神圏などの大都市圏はともかく地方都市などではファンド組成はきびしくなりました。

ところが物流施設の場合、コロナ禍で外出を手控える人が増えれば増えるほど、ネット通販や宅配便の利用者が増えることから、需要が減りませんでした。また物流適地が郊外や地価の安い地域に集まっていたことで、物流デベロッパーも開発がしやすいのです。

労働力についても、それまで小売店舗などで働いていたパート、アルバイトの戦力も、休業や時短で仕事をシフトせざるをえないことから、条件がよく、労働環境が整備されている物流施設に移り始めたのでした。前述したように保育所やフィットネスクラブ、ボルダリング施設、英会話教室などで地域コミュニティとも密接な関係を展開する物流施設の「労働環境としての快適性」が高く評価されることになったのでした。

しかもそこに、トラックドライバー不足問題が重なってきます。

トラックドライバーを確実に確保するために、中継拠点となる地方都市などの開発需要が強くなってきたのでした。

トラックドライバー不足に対応する「エリアをまたぐ輸送ネットワーク」

働き方改革関連法の施行により、トラックドライバーの大幅な不足に陥るということがマスコミ、ＳＮＳなどで大きな話題となり、政府、行政も対策を講じることに乗り出しました。

その一連の流れのなかで、物流拠点のあり方について、新しい流れが出てきました。

トラックドライバー不足に対応するために「エリアをまたぐ輸送ネットワーク」の構築に注目が集まるようになったのです。

たとえば関東全域への輸送を考えた場合、これまでは大都市である東京・横浜に近い拠点にフォーカスを当てた輸送ネットワークの構築が求められました。

ところがトラックドライバー不足の深刻化を受けて、「できれば関東エリアだけではなく、東北や北陸への輸送も可能な拠点がほしい」という声が強くなってきたのです。

一例をあげるならば、北関東に拠点を設ければ、圏央道に関越自動車道や東北自動車道を組み合わせることで、東北や北陸への輸送にも柔軟に対応できます。同じような発想で、三重県の内陸部などに拠点を構えて、新名神高速道をうまく活用していけば、中部圏にも京阪神圏にもタイムリーな輸送が可能になるのです。また、災害の少ない岡山県に拠点を構えれば、京阪神にも中国地方にも、さらには九州地方への輸送にも臨機応変に対応できます。瀬戸中央道を活用すれば四国への輸送にも対応できます。このようにトラックドライバー不足対策を前提に輸送ネットワークに対する考え方自体が大きく変化してきたのです。

もちろん、その結果、物流施設の立地戦略も変わってきました。たとえば岡山県にはプロロジスや日本ＧＬＰが相次いで先進的大型物流施設を開発、建設しています。物流不動産マーケットがこれまで以上に拡大してきているのです。

「トラックドライバー不足がさらに進めば、女性や高齢者などの労働力がますます必要になってくるだろう。そしてそうなると、輸送に複数日要する長距離運転ではなく、日帰りで対応できる短距離でつないでいく中継輸送で対応するしかない。そうなると、輸送拠点、積み替え拠点としての物流施設の重要性もますます高まってくる。『先進的大型物流施設の空白地』にも物流デベロッパーが進出していく可能性が出てくる」――。

このように考える物流不動産関係者が増えています。トラックドライバー不足を物流施設の充実で補う必要が出てきているのです。

半導体需要で物流施設不足が不足している九州

コロナ禍以降の大きな流れに「製造業の国内回帰」があります。その象徴的なケースが台湾の世界最大の半導体メーカー、「ＴＳＭＣ（台湾セミコンダクター・マニュファクチャリング・カンパニー）」の熊本県進出です。そしてＴＳＭＣの熊本進出をきっかけに半導体企業の九州進出が加速しました。また半導体関連で使用される化学品関連の倉庫建設の需要も大きくなってきました。半導体工場は24時間稼働が原則となるので、ジャストインタイムで化学品の供給を行う必要があるのです。半導体ウエハーの洗浄に使う薬剤などは緻密な温度管理が必要となり、先進的な物流施設なくしては対応できないという側面もあります。

また日本の半導体産業の再生を念頭に、トヨタ、ＮＴＴ、ソニーなどが出資する巨大半導体メーカー「ラピダス」は、北海道千歳市に工場を建設し、次世代型半導体の開発を目指しますが、こちらも先進的物流施設なくしては事業は軌道に乗らないはずです。

「1990年代以前の企業城下町では工場が中心で、その工場の部品在庫などの管理も旧式の工場倉庫で行われているケースがほとんどだった。しかし、日本企業が海外に出払っている間に状況は変わった。いまの日本の工場起点のサプライチェーンを支えるのは、2000年代以降、高度に発達した先進的物流施設になるはずだ。温度管理、品質管理、危険物管理などを緻密な在庫管理や生産計画と並行して進めるには最先端の物流倉庫が不可欠になる」。

そういった見方をする物流関係者が増えてきているのです。

もちろん、最先端の半導体技術に対応していくために、先進的な物流施設はさらなる進化を遂げようとしています。

実際、半導体に使用する化学品などは、ネット通販（ＥＣ）などで出荷される多くの品目を取り扱う1類倉庫ではなく、倉庫業法による危険物倉庫を必要とします。また倉庫業法だけではなく、消防法の観点からも安全が確保されなければなりません。したがって、施設建設にも施設運営にも特殊なノウハウが必要とされるわけですが、たとえば監視モニターを充実させたり、危険物のセキュリティ管理や防火・防災対策を充実させたり、工夫の余地はまだまだあるといえるでしょう。そうした高度な付加価値は投資家も好意的に捉えることになるでしょう。したがって、物流デベロッパーの視点から見ても、これまでとは異なる角度からのビジネスチャンスが広がってくるともいえるのです。

もちろん、半導体に限らず、製造業の国内回帰の流れがさらに加速すれば、物流不動産市場もそれにあわせてより一層拡大する可能性が高くなるのです。

加速する物流ＤＸが次世代型物流施設の可能性を広げる！

物流適地に大型施設を開発、建設していくという物流不動産モデルは、当面続いていきそうですし、マーケットが飽和するということは、３ＰＬ、ネット通販、国内回帰の製造業、地域開発と連動した大型施設開発の効果など、多くの成長要因を考えると、現状では考えにくいといえましょう。

しかし、懸念材料がないわけでもありません。

それは「物流センターが必要とする作業者を今後も十分にカバーできるのか」ということです。過酷な労働環境の解消や賃金アップに加えて、シャトルバスなどを用意したり、ホワイト環境を整備しても、すべての労働力需要を満たせるわけではありません。現に大型開発を進めてきた地域では、「賃金アップしなければ労働力を確保できないが、それでも庫内作業者集めには苦労している」という声は小さくありません。

そこで進むのが「物流センターの無人化」への流れです。もちろん、いきなりすべての作業を無人化することは難しいでしょうから、まずは一部作業を機械化し、自動化することで省人化を進めていきます。

たとえば、物流センター内では数多くの運搬作業が行われます。フォークリフトで行われる大ロットの運搬だけでなく、台車やカートで行われる細かい運搬作業もあります。そこでこれら運搬作業に無人搬送フォークリフト（ＡＧＦ）や無人搬送車（ＡＧＶ）を導入し、作業者数の削減を図ります。

一例をあげれば、アマゾンはフルフィルメントセンターではＡＧＶの導入が進んでいます。障害物などを自動で探知したうえで自律的に走行、運搬を行う庫内ロボットが開発されています。

アマゾンに限らず、日本企業でも運搬作業の自動化やパレットへの積み付け（パレタイズ）や梱包作業の機械化が進んでいます。

ヤマト運輸の宅急便を取り扱う「羽田クロノゲート」や佐川急便の「Ｘフロンティア」などでも、仕分け作業の自働化、機械化が行われ、高速のソーター（仕分け機）が導入され、人手を最小限に抑えて、作業効率性の向上が図られています。

もちろん、こうした庫内作業の無人化への流れは物流施設側のインフラ整備とも密接な関係を持っています。自動化が進めば、電力サプライの問題や施設内の配線や大型マテハン（物流関連）機器を設置しやすい高い天井や広い柱スパンなども求められてきます。

物流センターの無人化への流れにいかにアジャストしていくかということも物流施設開発の行方に大きく関わってくるともいえるのです。

「先進的大型物流施設」はまだまだできるが…

物流施設の開発需要はまだまだ強含みということがいえます。しかし、その強い需要にあわせて、新規参入の物流デベロッパーが増えています。J－REIT上場にはまだ至らなくても、その準備を進めている企業やこれからの参入を検討している企業も増えています。

また、物流施設特化型リートを目指すわけではありませんが、総合型リートのなかで適時、物流施設をポートフォリオに加えていくという投資法人もあります。今後、増えていくのはこのタイプかもしれません。

しかしそうなると気になるのが物流施設の品質です。物流施設の設計や建設はもはや「たかが倉庫」というレベルでは対応できません。天井高や床荷重、柱間隔などを見よう見まねで設計、建築しても、細かい仕様などが物流特性に合わずに使いにくいということもあります。その結果、不人気物件が出てくるようなことになると、「物流施設をポートフォリオに組み込んでいるからその投資法人は買いだ」というわけにはいかなくなります。

言い換えれば、物流施設の開発、建設にも「勝ち組」「負け組」がはっきり出てくる可能性が高くなってきます。

もちろん、仕様のみならず、立地についても「ここでも物流企業は借りてくれるだろう」という強引な開発が行われれば、テナントが入らずに、物流施設自体が不良物件となるリスクもあります。

物流デベロッパーにとっては、やみくもに用地買収や施設開発を進めるのではなく、テナント企業となる物流企業などのニーズをしっかり汲み取り、作業オペレーションの効率化を実現できる施設を着実に作り上げていくという姿勢も重要になってくるわけです。

第6章　物流不動産ビジネスの行方
まだまだ拡大する物流不動産投資信託

供給過剰が懸念されながらも市場拡大を目指す物流デベロッパーやJ－REIT銘柄は、新しい付加価値のある物流施設の開発、建設を視野に入れています。アジア諸国など、海外への進出の可能性や、冷凍冷蔵倉庫、危険物倉庫などのこれまでの常識では難易度が高いとされてきた専門性の高い倉庫、物流施設の建設、提供に乗り出そうとしています。しかもそうした専門性の高い物流施設の建設で物流業界の常識も相当に変わる可能性が指摘されています。

アジアにも触手を伸ばす日本の物流不動産ビジネスモデル

物流不動産ビジネスは日本のみならず世界各国で展開されています。とくに外資系物流デベロッパーのグローバル展開の歴史は長く、たとえばプロロジスは２０００年代には米国、欧州、中国、オセアニアなどで物流施設開発を軌道に乗せています。先進的大型物流施設を相次いで建設することで私募ファンドやリートのポートフォリオを強化しているのです。

日本の物流デベロッパーは完全に後塵を拝してきましたが、ここにきて、三井不動産や大和ハウスグループなどもアジア戦略に力を入れ始めました。

日本の物流デベロッパーがとくに力を入れているのはＡＳＥＡＮ（東南アジア諸国連合）です。

たとえば三井不動産はタイのバンコク東部で物流施設開発を進めています。平屋建てのマルチテナント型物流施設に加え、ＢＴＳ型物流施設や危険物倉庫、冷凍冷蔵倉庫などの建設も進めることになります。日本企業が蓄積してきた物流不動産のノウハウを東南アジアでも発揮できるということになります。東南アジアではコールドチェーンに対する関心が高まっていて、低温管理などに優れた日本式の冷凍冷蔵施設のノウハウなども注目されています。

大和ハウスグループもＡＳＥＡＮや南アジアを中心に海外での物流施設事業を積極的に進めています。ベトナム、インドネシア、マレーシア、タイなどで大規模工業団地開発を進めています。

また、これまで日本の物流施設は国内デベロッパーや開発ファンドなどが系列のＪ－ＲＥＩＴに売却するケースが目立ちましたが、その傾向も変わりつつあります。

というのは、ここにきて、生命保険会社なども物流施設に投資する動きを見せているからです。「ポートフォリオの充実のためにグループ内の物流施設以外にも物件を加えていきたい」というニーズが出てきているのです。すでに海外では当たり前のように物流施設の流動性が高くなってきていますが、ここにきて日本企業もその流れのなかに加わっていくことになりそうです。

たとえば、「伊藤忠都市開発」は自社開発（「山陽電気鉄道」との共同開発）の「箕面物流センター（仮称）」を米資産運用大手「ブラックロック」の運用する私募ファンドに譲渡しました。これまでならば、伊藤忠グループがスポンサー企業である「アドバンス・ロジスティクス投資法人」への譲渡という道筋が用意されていましたが、ここにきて異なる選択肢を選んだわけです。

さらにいえば今後も国内外の機関投資家に物流施設を譲渡する可能性があるとしています。物流施設の流動性がこれまで以上に高まってきているともいえるでしょう。

高まる危険物倉庫の需要への対応

少し意外かもしれませんがネット通販（EC）市場の拡大で危険物倉庫の需要も高まっています。もっとも危険物倉庫は消防法で定められた建築基準を順守して建てられなければなりません。もっとも危険物といっても6種類に区分され、それぞれの危険物の性質や特徴に適した保管方法をとらなければなりません。ただし、ごくわずかの危険物ならば、普通の倉庫で保管できることもあります。ネット通販ではこうしたごくわずかの危険物が含まれた商品も存在します。

たとえば香水などのなかには「危険物第4塁引火性液体アルコール類」が含まれていることがあります。少量ならば現場の判断で普通倉庫に保管することが可能ですが、一定量を超えれば、別途危険物倉庫に保管する必要が出てきます。

しかし、物流現場が「これくらいならば大丈夫だろう」と一定量を超えても、別途保管する手間を省き、普通倉庫に保管したために大きな火災が発生して責任者が処分されたといった事態が発生したこともあります。それゆえ、ネット通販物流で危険物倉庫をしっかり設けることが強く望まれるようになりました。引火しやすい危険物から火の手が上がり、普通貨物に火気が移れば取返しのつかないことになるからです。

同時に、従来は工場などに隣接する工場倉庫などがほとんどだった危険物倉庫を、香水、除光液などを取り扱うフルフィルメントセンターにも併設する必要性が指摘されるようになってきました。その他にも、花火、クラッカー、塗料、ガスボンベ、漂白剤、殺虫剤、リチウムイオンバッテリーなどが危険物に該当する可能性があります。しっかりと注意を喚起しておかないと物流現場では危険物という認識が作業者間に浸透しないリスクもあります。

ネット通販企業サイドから見れば、こうした危険物に該当する商品が一定量を超えれば危険物倉庫での保管が義務付けられるわけで、普通倉庫だけでは少量しか取り扱えないとなれば大きなビジネスチャンスを逃す恐れも出てきます。ネット通販のようにロングテールで大きな在庫を持つ場合、普通倉庫だけではすぐに取扱い可能な量を超えてしまう可能性が高いのです。

それゆえ、物流デベロッパーも危険物を取り扱うテナント専用のＢＴＳ仕様の物流施設のみならず、マルチテナント型物流施設に危険物倉庫を併設させるなどの工夫を始めています。

拡大するネット通販需要を考えると、危険物倉庫がこれからも、相当数、建設、あるいは併設されていくことになるのは間違いのないところです。

未開拓だが魅力溢れる冷凍冷蔵倉庫への進出

これまで冷凍冷蔵倉庫の設置には大規模な投資とそれを支える確かな顧客ニーズが必要なために、新規の冷凍冷蔵倉庫を建設するのがなかなか難しいという状況が続いてきました。

しかも冷凍冷蔵倉庫という概念を一言で済ませることもできません。冷凍冷蔵倉庫により食品などの温度管理や品質管理を行うのですが、温度管理といっても、総菜、弁当、乳製品など、10～20度程度の定温製品、冷凍食品などマイナス5～5度程度のチルド製品、マイナス20度を超えるコールド製品など、温度帯ごとにこまかく管理体制も業界も分かれています。

なお、一般に10度以下の温度帯の倉庫を冷蔵倉庫と呼びますが、そのなかでマイナス20度以下のものを冷凍倉庫と呼んでいます。

したがって、冷凍冷蔵倉庫の標準化やターゲット顧客の選定が難しく、どうしても特定のテナント向けのＢＴＳ型物流施設が多くなり、マルチテナント型の冷凍冷蔵施設の開発はなかなか軌道に乗らないという状況でした。

また冷凍冷蔵倉庫の場合、港湾、生産地、消費地など、取り扱う製品特性でニーズも分かれてきます。食品卸売業・小売業の店舗配送ならば消費地に近いロケーションのスルー型倉庫が適しているでしょうが、農協などからの産地直送の農産品などの場合は生産地に近い倉庫立地が好ましくなります。また、食品加工メーカーや商社などならば、港湾のストック型倉庫を求めることになるでしょう。

このように食品といってもサプライチェーンのどの位置に属すプレーヤーなのかで冷凍冷蔵倉庫の立地も変わってくるのです。また、温度帯が異なれば設備や仕様も変わってくるので、「せっかくマルチテナント向けの施設を開発したのに、想定したようなテナントが入居して来ない」ということも十分考えられるのです。

また食品を扱うということから「マルチテナント型施設だと、標準的な食品特性を想定しているために食品特性が特殊な場合には結露が発生しやすいかもしれない」などの不安を抱く企業も出てくる可能性があります。この点をいかに解決していくかも物流デベロッパーに課せられた大きな課題といえましょう。

さらにいえば、物流デベロッパーにとっても、マルチテナント型の冷凍冷蔵倉庫の建設は魅力的です。常温貨物とは異なり冷凍冷蔵貨物はその特性ゆえに、荷姿がある程度似通っているので標準化しやすく、パレット荷役中心に効率的な物流オペレーションを導入できるという面もあり、物流施設のスペックもそれに合わせれば設計しやすくなるともいえます。

加えて、冷凍冷蔵倉庫は温度管理を必要とすることから、普通の倉庫（常温倉庫）の2倍以上の賃料を設定することが可能で投資利回りもよくなるのです。

また慢性的に冷凍冷蔵倉庫は不足気味で空室率はきわめて低く、しかも老朽化しています。フロン規制への対応などから自然触媒への移行が進められていますが、最新設備の導入には多大なコストもかかることから、資金力のある物流デベロッパーがファンド組成やＪ－ＲＥＩＴのポートフォリオに組み込みつつ、冷凍冷蔵倉庫の建設に力を入れれば、マーケットのさらなる拡大も期待できることになります。

たとえば、三菱地所はすでに関西でマルチテナント型の冷凍冷蔵物流施設の開発に乗り出しています。関西のスーパーマーケット向けのＢＴＳ倉庫の建設で実績を積んだうえでのマルチテナント型への進出でした。

またリース大手の「三菱ＨＣキャピタル」と不動産会社の「霞が関キャピタル」も冷凍冷蔵倉庫を中軸に据えた物流施設開発の合弁に乗り出し、「ロジフラッグ・デベロプメント社」を設立しました。

進化を続ける物流施設はこれまで多くの課題を解決し、機能を向上させてきました。そして常温倉庫については、

「やり残したことは非常に少ない」ともいえます。

そこで設定された次なる目標が冷凍冷蔵倉庫のマルチテナント化でもあるのです。

市場拡大のカギを握る工場機能の追加

物流施設に特化したファンドやリートが投資家からこれほどまでに評価されていることを考えると、「工場施設についても物流施設と同じように高い評価を受ける可能性があるのではないか」という発想が出てきてもおかしくないでしょう。

実際、「工場や倉庫」のように並べて表現されることも多く、物流や生産に深い知識のない一般投資家から見れば、「倉庫も工場も同じ」ということになるのかもしれません。

「しかし倉庫と工場は似て非なるものであり、倉庫をそのまま工場に転用することも、工場をそのまま工場に転用することも、緻密に設計された先進的な設備・施設について考えれば難しい」。このような意見を耳にすることもあります。

工場といっても、自動車組立工場、部品工場、半導体工場、食品加工工場、アパレル縫製工場など、さまざまな種類の工場があります。たとえば自動車組立工場とアパレル縫製工場では設置する機械・設備の大きな作業スペースなどが異なるため、天井高も床荷重も何もかもが全く異なってきます。したがって、それぞれの製品特性に合わせた工場を顧客企業の要望に合わせて設計、建設することは可能ですが、「どのようなタイプの製品でも作れる工場になるように標準化を行う」というのは、きわめて難しい話になります。

それでも、マルチテナント型の工場が不可能というわけではなく、「物流施設の標準的なスペックに工場機能を加える」という建付けが注目されています。建築基準法上、倉庫と工場の区別はしっかりさせなければならないことになっているので、倉庫と工場が混在するような施設を建設することは障壁が高くなりますが、「倉庫機能」に「工場機能」を加えることは可能と解釈されるようになってきています。

日本企業の国内回帰の流れが大きく加速すれば、物流倉庫機能に加えて工場機能を加えていくことがJ－REITなどのポートフォリオ組成にあたっての有力な選択肢となっていく可能性も高いわけです。製造業の国内回帰の流れのなかで、マルチテナント型の施設に倉庫機能、工場機能、ターミナル機能などを併せ持たせて、「サプライチェーン・コンプレックス」を構築し、1つの集約拠点のなかで調達、生産、流通のオペレーションフローを完結させてしまうことが究極の目標でもあるわけです。

グリーンウエアハウスを目指す流れ

先進的大型物流施設は、かなり早い時期から、屋上緑化、壁面緑化、太陽光発電などの環境武装に力を入れてきました。CASBEE®（建築環境総合性評価システム）のSランク、Aランクの取得や、グリーンビルディング認証、米国の環境に配慮した建築物に与えられるLEED®などの取得を目指す動きも活発化しています。

たとえばオリックス不動産が竣工させた埼玉県北葛飾郡の「松伏ロジスティクスセンター」はテナント企業に100パーセント再生可能エネルギー由来の電力供給を行っています。

もちろん、その他の多くの先進的大型物流施設が環境配慮型を売りにしています。敷地内に広大な緑地を整備したり、雨水などの活用を図ったりしている物流施設もあります。

近年の物流業界では「グリーン物流」が大きな流れになっています。「物流が環境に悪い」というイメージを払拭するために、ＣＮＧトラックの導入やトラック輸送に鉄道輸送などを組み合わせたモーダルシフト輸送などの導入を進める企業が増えてきました。そこでその流れのなかで環境に配慮した物流施設も評価されるようになりました。

したがって、環境配慮型かどうかということは物流企業などのテナント企業にとって、拠点選定を行う場合の重要な検討項目となってきているのです。

ただし、ほとんどの先進的物流施設が環境配慮型が標準仕様となればもはや差別化の材料とはならないわけで、物流デベロッパーとしては、さらなる工夫が必要となるはずです。また、たんにカネをかけて環境配慮型施設を建設するのではなく、環境に配慮することと労働負荷の低減や地域活性化など、プラスとなる派生効果も期待できる施設が望まれるようになってくるはずです。

物流施設が環境武装を強化するにあたっても、「どのような方針、コンセプトでどのような視点、切り口から環境対策を進めていくのか」ということをわかりやすくテナント企業や地域社会に示していくことが必要になってくるでしょう。

総合型のなかに組み込まれる物流リート

これまで説明してきたように物流リートについては「景気に左右されず安定した賃料収入が見込める」「用地買収や建設コストを抑えることができる」など、メリットが多いことがわかります。

ただし、その代わり、好景気に支えられて収益力が急増したり、大幅な増収が期待できたりするというケースは少なくなります。

そこで、物流リートにオフィスビル、商業施設、住居施設などの性質の異なる物件を加えたかたちのポートフォリオで総合型とする方針を打ち出している投資法人もあります。「大和ハウスリート法人」や「オリックス不動産投資法人」などがこのタイプです。物流施設を総合型に組み込むことでリスクヘッジの利いたポートフォリオの構成となるわけです。言い換えれば今後のJ－REITなどのポートフォリオはより洗練度を高めていくことにもなるはずです。

また、それとは反対に「物流施設を軸としたロジスティックスパークにオフィスビル、商業施設、住居施設などをとにかく組み入れてしまえばいい」という単純な発想で画一的な開発を行えば、物流施設のオペレーション効率自体が低下していくというリスクもあります。

ただし、物流デベロッパーの物流施設開発マインドは強くなっています。

「J－REITとは関係なく、テナント企業のニーズを確実にくみ取りながら最新の仕様の物流施設をファンドに組み込むことを前提に建設し、長期賃貸契約を結び、安定的な賃料収入を得ることができる。時期を見て、J－REITの運営法人などに売却するという選択肢もある」。

このように考える物流デベロッパーが増えています。

実際、スポンサー企業が系列の物流デベロッパーなどである運営法人の場合はグループ内で開発からポートフォリオ組成を完結させることになるのでしょうが、総合型リートの場合、グループ内で物流施設を建設するという選択肢の他に、系列外の物流デベロッパーから物流施設を調達するというのも有力な方策となるわけです。

実際、物流デベロッパーに手を挙げる企業は右肩上がりに増え続けてきました。

とくに注目したいのは大手物流企業がグループ内で物流デベロッパーや物流施設賃貸などの物流不動産事業を強化している点です。自社の物流ネットワークの強化の側面に加えて、J－REITや私募ファンドなどへの施設売

SBSグループのECプラットフォーム事業の大型戦略拠点となる「EC野田瀬戸物流センター」

却も視野に入れていると考えられます。

たとえば、大手物流企業グループの「ＳＢＳホールディングスグループ」の「ＳＢＳアセットマネジメント」では「野田瀬戸物流センター」、「大阪南港物流センター」など多くのグループ企業の物流センターを開発、運用しています。野田瀬戸物流センター内にはネット通販（ＥＣ）プラットフォーム事業の大型戦略拠点「ＥＣ野田瀬戸物流センター」を開設し、棚搬送ロボットをはじめとする最先端のマテハン（物流関連）機器で、物流効率化、高度化に取り組みます。

また「ＡＺ－ＣＯＭ丸和ホールディングス」の子会社の「日本物流開発」もＥＣ物流事業拡大の重要拠点とする方針の土浦営業所の建設などを行っています。

ただし、物流デベロッパーが増える傾向にあるなか、Ｊ－ＲＥＩＴに組み込まれる「物流施設の品質」を心配する声もあります。

「物流デベロッパーは最新の施設については自社で運営するが、ある程度使って経年劣化などの兆しが見られるようになってから売却するという選択をするかもしれない。そうなると、Ｊ－ＲＥＩＴに入ってくる物流施設の築年数などが気になる投資家が増えてくるかもしれない」。

基本的に倉庫は相当の期間の使用に耐えることができます。工場・倉庫の法定耐用年数は38年となっています。そして２０００年代に誕生したマルチテナント型施設ならば、すでに法定耐用年数の半分程度が経っているわけです。もちろん、既存施設の再開発などを行うことはいくらでも可能ですが、一部の投資家がこのあたりの状況を気にする可能性も捨て切れません。

オフィスビルや商業施設が中心でそれに比較的低いパーセンテージで物流施設が組み込まれるような総合型リートの場合、こうした事情を考慮しつつ、「ポートフォリオ内の物流施設が、いつ頃建設されてどのような経緯で組み込まれることになったのか」ということをチェックしておく必要もあるでしょう。

期待されるセルフストレージのファンド化

わが国ではリートや私募ファンドなどに組み込まれる物流施設は企業物流で活用される倉庫や物流センターということになりますが、物流施設の個人利用についても相当な需要があります。

個人向けの倉庫、収納サービス、すなわちトランクルームは「倉庫版の宅配便のようなもの」ともいわれています。B2B（企業間取引）ではなく、B2C（企業・一般消費者間取引）となるので、一定のシェア拡大までには時間がかかりますが、いったんマーケットが確立されると、手堅い収入が見込まれます。一般消費者も顧客に取り込める点がトランクルーム事業の大きな魅力となっているのです。

トランクルームは米国では「セルフストレージ」と呼ばれていますが、世帯への普及率は10パーセントと高く、10世帯に1世帯がなんらかのかたちで収納スペースサービスを活用している掲載になっています。さらにコロナ禍以降、その伸びに加速がついています。

コロナ禍にはリモートワークが増加したことで、オフィス需要が落ち込みました。その結果、それまでオフィスとして使用していたスペースをセルフストレージに貸し出す流れが加速したのでした。

しかもリモートワークを行う人たちも、自宅にデスクとパソコンを構えて、仕事をする必要が増えたことで、スペースの有効利用を図る必要が出てきたのです。その結果、セルフストレージに注目が集まったというわけです。その他にも休業を余儀なくされた店舗や飲食店がそのままセルフストレージのスペースになるといった例も増えました。また、ネット通販の個人事業者やスタートアップ企業が保管スペースとして活用するケースもあります。

コロナ禍以降も米国などのセルフストレージ需要は弱まることなく成長市場の一つとして注目されています。米国リートにはセルフストレージをポートフォリオとする特化型リートもあります。

たとえば、米国の「パブリック・ストレージ社」は米国リートにおけるセルフストレージの代表的な銘柄として知られています。近年はデジタル化に力を入れており、スマートフォンによる保管・収納スペースの予約・管理が行えるようになり、需要が大きく増えています。

日本にはまだセルフストレージ特化型のＪ－ＲＥＩＴ銘柄は誕生していませんが、市場は拡大の一途をたどっているので、遠からぬ将来に登場してくる可能性は相当に高いと考えられます。

ちなみにセルフストレージと一言でいって片付けられるものではなく、さまざまなバリエーションがあります。屋内物件でスマートロック機能などが備え付けられているタイプ（屋内型）や屋内型で温度管理などを行いワインや美術品などの保管に適したタイプ（定温・定湿管理型）、屋外型でコンテナを設置するタイプ（屋外コンテナ型）、あるいは屋外で大型保管できるタイプ（ガレージ型）、バイクなどを収納する「バイクヤード」と呼ばれるタイプなどがあります。

なお、専門的になりますが、セルフストレージをリートや私募ファンドに組み込む場合、賃貸業のトランクルーム（レンタル倉庫）が中心となる可能性が高いと考えられます。

「レンタル倉庫」という場合、いわゆる収納スペース貸しで賃貸借契約で荷物の出し入れが可能ですが、その代わり、荷物が破損、紛失などをしても保障義務は生じません。これに対して倉庫業のトランクルームという場合、約款を定めて倉庫業者の責任の範囲を明確化して、火災、漏水、盗難などの損害を担保する保険は付保されています。

いずれにせよ、賃貸借契約が比較的長期化しやすく、建設コストなども安く済ませられるという物流施設特化型リートの長所を引き継ぎつつ、住宅街、商店街などの立地を嫌わないという、大型物流施設にはない特性を持つセルフストレージのリート化はJ－REITのさらなる活性化に大きく貢献することになるはずです。

第7章　投資のタイミングで変わる成果

本章ではこれまでの解説をふまえて、Ｊ－ＲＥＩＴの物流施設特化型リートなどへの投資を考える人が、企業分析の基礎となるファンダメンタルズ分析、テクニカル分析を行ううえでの基本的な知識を紹介します。株価の分析とＪ－ＲＥＩＴの投資口の分析では共通する要素もありますが、Ｊ－ＲＥＩＴの独自性を念頭に検討すべき指標もあります。Ｊ－ＲＥＩＴの特徴を十分に把握したうえで、物流施設特化型リートを研究していくことが望ましいと考えます。

東証ＲＥＩＴ指数・東証ＲＥＩＴ用途別指数をチェック

リートの全体的なトレンドや相場の流れを掴むには、東証ＲＥＩＴ指数・東証ＲＥＩＴ用途別指数をチェックします。上場している全リートを対象とする時価総額の加重平均による指標です。株式の動きを示す日経平均と同じように東京証券取引所により、毎日算出、公表されています。またそれぞれの用途に関するトレンドは用途別指標により知ることができます。

ちなみに完全に一致するというわけではありませんが、東証ＲＥＩＴ指数はＴＯＰＩＸ（東証株価指数）と比較的よく似た動きをすることがあります。もちろん、真逆の動きをすることもあるので、相関関係がきわめて高いというわけでもありません。

リートが不動産投信ということから、地価の高騰や下落にあわせて、ＲＥＩＴ指数が動いていくようなイメージを持たれる方もいるかと思いますが、実際はむしろ、どちらかといえば日経平均などの株価に近い特性を持っているとも考えられるかもしれません。

ＲＥＩＴ指数はインフレに敏感に反応して、物価高になったり、インフレ気配が強くなったりすると、上昇する傾向があります。燃料費の高騰やウクライナ侵攻などの有事もインフレ要因なので、ＲＥＩＴ指数を押し上げる動因になります。

またＪ－ＲＥＩＴ市場の誕生は２００１年3月ですが、それ以降のＲＥＩＴ指数はリーマンショック（２００８～２００９年）の影響で大きく値を下げたという例外期を除いて、基本的に右肩上がりが続いています。長期間保有していれば、上昇していく可能性が高いともいえるわけです。

東証ＲＥＩＴ指数は個別のリートの動きを見る数値ではありませんが、「東証ＲＥＩＴ指数が大きく下げているから、個別銘柄も下がる可能性がある」「大きく上がっているから個別銘柄も上がる可能性がある」といったように全体のトレンドが個別銘柄にも反映されることもあるでしょうし、相反する動きをすることもあるでしょう。すなわち東証ＲＥＩＴ指数を観察することで、個別銘柄についてもどのような方針で対応するべきかが見えてくるかもしれないのです。

また東証ＲＥＩＴ指数連動型上場投信のように、東証ＲＥＩＴ指数の採用銘柄を投資対象としたＥＴＦ（上場投資信託）もあります。初心者向けにはわかりやすい堅実な投資となる可能性が高いともいえるでしょう。

目論見書と運用報告書を丹念に読み込む

Ｊ－ＲＥＩＴへの投資に当たり、まずチェックしておきたいのが目論見書です。投資信託各社のウエブサイトからダウンロードすることが可能ですし、必要に応じて紙媒体を取り寄せることもできます。

目論見書には交付目論見書と請求目論見書があります。交付目論見書には基本的な情報が記載されていて、投資信託を購入する際に販売会社から投資家に渡されます。請求目論見書は投資家が請求した場合に交付される、より詳しい目論見書です。

初心者の場合、まずは交付目論見書の情報をしっかりと押さえておきたいところです。

注目したい項目はファンドの特色、投資リスク、運用実績といったところで、その銘柄の物権がどのような視点からファンドに組み込まれ、どのようなリスクがあるのか、そしてこれまでの運用実績はどのようなものかということを把握しておくのです。財務状況や収益性に関する情報にも目を通す必要があります。主な財務指標や収益の推移、資金調達の方法などをチェックします。

また目論見書だけではなく、運用報告書にも目を通すようにしましょう。

運用報告書とは決算期ごとに公表される開示資料です。一口当たりの費用明細、直近5年間の基準価額（投資信託の価額）、組入資産の内容などが記載されています。

したがって運用実績をメインに見ていくことになりますが、なかでも基準価額と騰落率の比較が重要です。騰落率は「一定期間内にどれくらい値が上下したか」を表します。たとえば現在の基準価額が10万円で1年後に11万円に値上がりしていれば、騰落率は10パーセントになります。東証ＲＥＩＴ指数・東証ＲＥＩＴ用途別指数などの参考指数を上回る当落率となっていれば、運用実績が優れていると考えてもよいでしょう。

運用実績以外には、「今後の運用方針」にも目を通しておきたいところです。「マーケットをどのように分析し、どのような戦略・方針で運用していくのか」ということを知ることができます。運用の将来のシナリオを描いている仮説が正しいのかどうかを投資家としての自分の感覚と照らし合わせて評価することで、将来を託せる銘柄なのかどうかということを個人的に判断することができるはずです。

また収益分配についても必ず目を通しておきたいところです。分配金は当期収益のみなのか、当期収益以外の収益調整金（元本部分の一部を別勘定として分配金が減らないようにする）や分配準備積立金（過去の分配可能額のうち分配しなかった金額で将来の分配金に充当することができる）によるものなのかどうかなどをチェックします。

リートにおける基本的な指標を把握

目論見書、運用実績書を精読しながら、適時、必要なデータを入手して、リートのファンダメンタルズ分析を行っていきます。リート銘柄の購入を検討するにあたり、多くの人が意識するしないに関わらず気がついたら行っているのが、ファンダメンタルズ分析です。

ファンダメンタルズ分析とは、「リート銘柄や株式銘柄の本質的な価値と市場の価値の間に格差があるならば、その格差はやがて市場取引を通して解消される」という考え方です。

「正しく銘柄の特性や業績を理解していれば、それが最終的には株価に反映されていく」という考え方です。

実際のマーケットはその考え方だけで利益を得られるほど甘くはないと私は思いますが、まずはファンダメンタルズ分析のオーソドックスの考え方を紹介しておきましょう。

というのは実際問題として、「どのような銘柄に投資するのがよいのか」ということを直感だけでこなしていくのは賢明な投資方法とはいえません。「この資金は損を出しても全く困らない」というのならば別ですが、多くの人は「損を出さないように注意しつつ、できれば確実に儲けていきたい」と考えていると思います。

もちろん、直感に頼って大きな勝負を賭けることもあるかもしれませんが、しっかりした投資の裏付けや根拠が揃っているほうが、大きな資金も動かしやすくなるはずです。

そのためには、対象とする銘柄について、いくつかのＫＰＩ（重要業績評価指標）を見ておくことが必要になってきます。

たとえば、ＲＯＥ（自己資本当期純利益率）です。自己資本をどれくらい活用して利益を得ているかを示すＫＰＩです。自己資本とは純資産、株主資本などのことを指します。企業が返済する必要のないお金です。

当然ながら当期純利益が低いと、ＲＯＥも低くなります。反対に高い場合は、当期純利益が高いことを意味しています。

近年は投資家サイドからＲＯＥの高い企業に投資する動きが強まっています。これはＲＯＥが株式資本に対してどれくらい利益を出せるかを表していることに注目が集まっているからで、リートの場合、保有不動産から得られる収益力を意味します。すなわち一般的にいえば、ROEの高いリート銘柄は買いということになるのです。

リート銘柄の分析と検討に不可欠なNAV倍率（純資産価値）

リート銘柄特有の指標にNAV（純資産価値）倍率があります。リートが保有している不動産物件の純資産価値に対して投資口価値がどれくらいの比率となっているかを示しています。

NAV及びNAV倍率を数式で示すと、次のようになります。

NAV（純資産価値）＝（保有不動産の時価）－（借入金などの負債）

NAV倍率＝（投資口価格）÷（NAV／投資口数）

NAV倍率が1未満ということは「マーケットの投資口価格が純資産に対してまだ割安となっている」ということになります。割安ということは、たとえば、発行されているすべての投資口を購入して、売り払えば利益が出ることを意味しています。もちろん、反対にNAV倍率が1を超える場合には、投資口を売り払えば、損失が出ることになります。

したがって、NAV倍率が1未満か、1を超えているかはリート投資における大きな判断材料となるのです。

ただし、NAV倍率だけが投資の判断材料とはならないことは認識しておく必要があります。一時的な売買の流れにより、NAV倍率が1を超えていたり、逆に何らかの特別な理由でNAV倍率が1を大きく下回っていたりすることも考えられるからです。

さらにいえば、NAV倍率が1を超えていたほうが投資対象として注目されるケースもあります。それは、新規投資を念頭に増資を行う場合です。NAV倍率が1を超えていれば、マーケットの資産価値よりも高い価格で増資を行うことになるので、新規不動産物件の取得に費やす資金調達がやりやすいのです。新規不動産物件を取得し、効果的に運用することで、将来的に資産価値を上げていくことができれば、投資家にとっては大きなプラスになります。それゆえ、将来性が高いリート銘柄では比較的、NAV倍率が高めになっているケースも少なくありません。

もっとも、J-REITの多くの銘柄はNAV倍率は1前後となっています。それゆえ、たとえば、NAV倍率が2倍を超えるようなケースは、NAV倍率以外のKPIがたとえ良好でも、注意を要するといえるでしょう。

FFO倍率にも注目

FFOとFFO倍率も不動産投資法人の重要な財務指標の一つです。

FFOとは不動産投資信託の収益力を示す指標で、賃料収入によるキャッシュフローを反映します。純利益だけではなく、減価償却費と不動産売買の損益を加えて算出し、評価することになります。FFOが大きければ収益力が高いということになります。

リートのFFOの大きなポイントは減価償却費も組み込んでしまうということです。ちなみに減価償却とは建物などの資産が使用していることで価値が減少していくことに対応し、それを費用として計上するというロジックからです。

ＦＦＯを把握することで、分配金がどれくらいになるかという予測も立てやすくなりますし、実際、その銘柄の業績についても理解できるようになります。時価総額が大きくてもそれに見合ったキャッシュフローがなくては分配金に余裕がなくなりますし、将来的な成長や投資の可能性が広がりません。

他方、ＦＦＯ倍率（不動産投資法人の時価総額　÷　ＦＦＯ）とは、時価総額に対してどれくらいのキャッシュフローが発生しているかを示す指標で、ＦＦＯを当該銘柄の時価総額で割った数値を指します。

そしてＦＦＯ倍率が低い場合は、「収益力に比べて投資口価格が割安になっている」ということを意味します。

したがって、ＦＦＯ倍率が低い場合は購入しておくと、将来、見返りが期待できる可能性が相当に出てきます。

先述したＮＡＶ倍率とＦＦＰ倍率の双方をチェックすることで、対象となる銘柄の財務状況や資金調達力、マーケットでの評価などをある程度、把握することが可能になるのです。

このようにファンダメンタルズ分析を行うことで、客観的に投資銘柄の価値を知ることができるというわけです。

分配金と分配金利回りだけではなく分配金の成長率にも注目

Ｊ－ＲＥＩＴの分配金は株式の配当金（ＤＰＵ）に相当し、銘柄が決算の際に投資家に支払われます。多くのＪ－ＲＥＩＴ銘柄では年２回決算が行われ、その都度分配金が支払われますが、平均利回りは４パーセントほどもあり、利回りの高さが魅力になっています。

さらにいえば、銘柄によって利回りは異なりますから、５パーセントを超えるリターンを狙うこともできます。

ただし、利回りは単純に高ければよいというものではありません。

利回りが高くなれば、リスクも高くなる傾向にあります。平均的な利回りよりも極端に高利回りのような場合には「なんらかのリスクが大きい」と考えてみる必要もあります。最悪の場合、上場廃止というケースもありえます。

東京取引証券所では、投資口数が４０００口未満であるか、一年間の売買高が20口未満の場合は上場が廃止されます。また他の上場投資法人に吸収合併されることで上場が廃止されるケースもあります。その場合、投資主には合併比率に応じて投資口が割り当てられます。

したがって、分配金だけを見るのではなく、たとえばスポンサー企業にも着目する必要があります。スポンサー企業とは資産運用会社の大投資主です。大手不動産会社、ゼネコン、総合商社、銀行、保険会社、証券会社などが名を連ねます。

さらに実績分配金を念頭に予想分配金を見るようにします。したがってＤＰＵ成長率やＮＡＶ成長率を見ておくことも重要です。

加えていえば、利回りと投資口価格の関係にも注目する必要があります。

一見、投資口価格が高ければそれにあわせて高利回りのようなイメージですが、実は正反対で、投資口価格が上がっていけば利回りは下がっていく傾向があります。

これは単純な理屈で、たとえば投資口価格が10万円で4パーセントの利回りならば、４０００円の分配金があるわけですが、20万円に投資口価格が上昇すれば、分配金がそのままの４０００円ならば、利回りは2パーセントに低下してしまうのです。さらにいえば、分配金の総計が変わらないのに投資口価格が大きく上昇していくというケースはあまり見られないといえましょう。

したがって、利回りに一喜一憂するのではなく、「どれくらいの投資口価格ならばどれくらいの利回りということで納得するか」というように利回りと投資口価格の関係を十分に把握して、投資を行う必要があります。

また銘柄ごとに利回りが妥当かどうかを見るのに、信用格付けのチェックも重要です。日本格付研究所や格付投資情報センターなどの格付けのランクが高ければ、リスクが低く、利回りも低く抑えられていると判断できます。

あえていえば一般的にはＡＡ格相当の銘柄ならば、かなりの手堅さがあるともいえます。

ＰＭＬ値を見ることで地震リスクの高い銘柄をチェック

リートで気になるのは、投資する不動産が損失を被ることです。不動産の損失として考えられるのは地震、津波などの自然災害や火災などの人災ということになります。

なかでも発生すると、甚大な影響を及ぼすことになるのは地震ということになるでしょう。しかも日本のような地震大国ではそのリスクは決して無視できるものではありません。

そこで注目されるのが、投資物件のＰＬＭ（予想最大損失率）です。50年間に10パーセントを超える確率で発生する大地震の復旧にかかる必要コストの割合を示す数値です。

阪神・神戸大震災、東日本大震災、熊本地震などの大きな被害が記憶に残る日本の不動産の現状を鑑みると、きわめて重要な指標という認識が強いことから、Ｊ－ＲＥＩＴの有価証券報告書には、原則的には全物件のＰＭＬ値とポートフォリオＰＭＬ値が掲載されています。

次の計算式で算出されます。


ＰＭＬ値（％）＝補修費用　÷　建物の新築費用（再調達費用）×１００

ちなみに、ポートフォリオＰＭＬ値はファンドに組み込まれた各物件のＰＭＬ値を単純に平均したものではなく、ある任意の地点での地震の発生により、ファンドのポートフォリオを構成する建物に同時に発生する被害額の総和を物件の分散状況なども考慮して算出しています。それゆえ、全物件の平均値よりもパーセンテージは低くなります。

たとえば、ポートフォリオＰＭＬ値が4パーセントで２０００億円とすると、建物が震災のダメージで80億円の補修費用の捻出が求められることになります。

なお、一般にＰＭＬ値が10パーセント未満ならばリスクはきわめて低いと判断できますが、10～20パーセントならば、局部的な構造の被害、20～30パーセントならば、ある程度の被害（中波）は覚悟しなければならないと考えられます。さらに30～60パーセントとなれば、大きな被害（大破）が想定されます。さらに60パーセントを超えるようならば、建物の倒壊のリスクも高まります。

したがって、ＰＭＬ値が10パーセント未満の銘柄の購入が望ましくなります。ちなみにＪ－ＲＥＩＴではＰＭＬが10パーセントを超える物件が組み込まれている銘柄は多くはありませんが、築年数の長いショッピングセンターや居住用施設（マンション）などのなかには、10パーセントを超えるケースも見られます。

物流施設についていえば、耐震・免震機能を備えた先進的な大型物流施設の場合はＰＭＬは低くなりますが、中小規模の築年数の長い倉庫などを組み込む場合には注意も必要になります。

ちなみにＰＭＬ値は築年数だけに左右されるわけではありません。耐震・免震対策が十分に施されているならば、築年数に関係なく、ＰＭＬ値は抑えられることになります。

また地震の特性を考えると、地震の発生しにくい地域のＰＭＬ値は低くなる傾向にあります。

安全性を評価する指標のＬＴＶ

ＬＴＶ（総資産有利子負債比率）を見ることでリート銘柄の安全性を知ることができます。

ＬＴＶが低ければ、自己資本を中心に投資を行っているということになりますから、銘柄の財務体質が良好で健全性が高いといえます。不動産の購入を借入金に頼らずに行っているということを意味するからです。

反対にＬＴＶが高ければ、自己資本だけでは物件の購入が十分にできず、金融機関などからの借り入れで物件の購入を行い、それに伴う金融リスクも負っているということになります。

もっともＪ－ＲＥＩＴでは投資家から資金を集めて、その資金で不動産を購入していますが、それでは資金に限りが出てきてしまいます。したがって発展性の高い大きな投資を行うには、投資家からの資金に加えて、金融機関などからの借り入れが必要になってくるのです。

ＬＴＶは一般に次の計算式で算出されます。

簿価ＬＴＶ　＝　借入金（有利子負債）　÷　保有不動産資産（総資産）×１００

ただし、ＬＴＶを時価で見るか、簿価で見るかで評価も変わってきます。また時価と簿価の差が大きければ、ＬＴＶが実態を反映していない可能性も出てきます。

ちなみに時価ＬＴＶならば、次のように計算します。

時価ＬＴＶ ＝ 有利子負債 ÷（総資産＋含み損益）×１００

時価ＬＴＶの場合、含み損益も加えられることから、より実態に近い数値となります。けれども、地価が高騰した場合などはＬＴＶが低くなるので、追加的な融資が受けやすくなり、それがバブル発生の温床になることも指摘されています。

たとえば、地価10億円の不動産について、４億円の借入金で購入すれば、この簿価の場合ＬＴＶは40パーセントです。

６億円÷10億円×１００＝60％

けれども、これが簿価ＬＴＶではなく、時価ＬＴＶの場合、事情が異なってきます。この物件の時価が15億円と高騰したならば、ＬＴＶは40パーセントと低くなります。

時価ＬＴＶ＝６億円÷15億円×１００＝40％

Ｊ－ＲＥＩＴにおけるＬＴＶの目安は40パーセント前後となっています。そして30パーセント以下ならば財務健全性が高く、金融機関からの融資も受けやすいと考えられます。

反対に60パーセントを超えるようならば、財務健全性は低く、金融機関からの融資も限界に近いといえましょう。

したがって、地価10億円の物件が15億円となった場合、簿価ＬＴＶで見れば、財務健全性が十分に低いとはいえない物件が、時価ＬＴＶとしては「Ｊ－ＲＥＩＴの平均的な数値」とみなされて、金融機関からさらなる投資を受ける要件を満たすことにもなるのです。

そして、こうした物件が増えれば、不動産バブルの発生に繋がり、それが崩壊した場合に、大きな損失を被る投資家も出てくることになるかもしれません。

時価LTVと簿価LTVの乖離が大きく進むようになれば、投資切り上げの時期を検討する段階に入っているかもしれません。

なお、リートの時価総額ランキングが有力な参考情報として利用されることもあります。

時価総額ランキングを概観することで市場での評価や規模の比較ができます。

時価総額は次の計算式で算出できます。

時価総額＝（リートの発行済投資口数）× 投資口価格

時価総額をチェックすることで、対象銘柄の評価や競争力、市場シェアの大きさなどを把握することができます。

また、時価総額ランキングを見て、全体像を把握することでリートの規模や資金調達の能力を比較することも可能になります。

稼働率を吟味することで経営状態を把握

リートの投資先の検討というと、時価総額やスポンサー企業などにどうしても目が行ってしまいますが、絶対に見逃せない指標にリート物件の稼働率があげられます。

リート物件の稼働率（賃貸面積÷賃貸可能面積×１００）は、不動産の入居率または占有率を示す指標です。投資する不動産が「実際、どれくらい使われているか」ということを知ることができます。

物件の稼働率は、特定の時点で物件に入居しているテナントや賃貸契約の占有率を表します。稼働率が100パーセントに近いほど物件が満室または満室に近い状態であることを意味します。

したがって、稼働率が100パーセントに近ければ、テナントからの収益も最大化に近くなり、賃料収入が安定し、収益性も向上します。

しかし、物件の稼働率が低い場合、空室率も高くなります。そうなれば賃料収入が減ることになりますから、収益や分配金も減少することになります。

稼働率は、J－REITの運営会社が定期的にモニタリングし、報告書や公表情報として開示することになります。したがって、一般投資家でも稼働率や入居状況を把握することが可能です。

なお、稼働率については、オフィスビル、ホテル、商業施設などは景気の影響を大きく受けることが少なくありません。

たとえばコロナ禍ではオフィスビルは在宅勤務率の向上で、ホテルも不要不急の外出や遠出の自粛で、商業施設もテナント撤退などが相次ぎ、空室率が大きく上昇してしまいました。

それに対してマンションなどの住居施設は景気の影響を比較的、受けにくいといえます。コロナ禍においても在宅率は上昇し、マンションなどの需要の手堅さが実感されました。しかし、少子高齢化が進む状況のなかで、マンション需要などが将来的には頭打ちとなるリスクも指摘されています。また、好立地に建設されたマンションなどの空室率は低くなりますが、郊外や地方都市などの場合は必ずしも需要と供給のバランスが取れているとはいえないケースもあります。

このように空室率を安定的に低く抑え込むのはなかなか難しいともいえるのですが、唯一、物流施設は空室率を

Ｊ－ＲＥＩＴ投資の検討材料となる主な指標

指標	計算式	解説
NAV	（保有不動産の時価）－（借入金などの負債）	投資信託の純資産の総額
NAV 倍率	（投資口価格）÷（NAV/投資口数）	NAV 倍率が1未満ということは「マーケットの投資口価格が純資産に対してまだ割安で1超ならば割高」と見なされる
FFO	（減価償却費）＋（不動産売買の損益）	賃料収入からのキャッシュフローを示す。FFO が大きければ収益力が高い
FFO 倍率	（不動産投資法人の時価総額）÷（FFO）	時価総額に対してどれくらいのキャッシュフローが発生しているかを示す
DPU 成長率	当期 DPU ÷ 前期 DPU	「どれくらいの投資口価格ならばどれくらいの利回りということで納得するか」というように利回りと投資口価格の関係を十分に把握して、投資を行うための指標
PML 値	補修費用 ÷ 建物の新築費用（再調達費用）×100	投資物件の予想最大損失率。、PML 値が10％未満の銘柄の購入が望ましい。
LTV	簿価 LTV ＝ 借入金（有利子負債）÷ 保有不動産資産（総資産）×100	総資産有利子負債比率。リート銘柄の安全性を知ることができる
時価総額	（リートの発行済投資口数）×投資口価格	時価総額ランキングを概観することで市場での評価や規模の比較ができる
リート物件の稼働率	（賃貸面積 ÷ 賃貸可能面積×100）	不動産の入居率または占有率を示す指標。投資する不動産が「実際、どれくらい使われているか」ということを知ることができる

景気に関係なく低く抑えることができるセグメントといえます。もっとも景気の影響を受けないのが物流施設というわけです。

実際、Ｊ－ＲＥＩＴなどのファンドに組み込まれる大型先進物流施設の空室率はきわめて低く、また長期に渡って賃貸されるのが一般的です。派手さはないのですが堅実な投資先と考えられる理由がここにもあるのです。

注目を集めるリート投資におけるテクニカル分析

株価やリートの投資口価格の分析などはファンダメンタルズ分析がオーソドックスな分析方法ですが、近年はテクニカル分析も広く使われるようになってきました。

テクニカル分析とは相場動向を過去の値動きなどのチャートで表し、そこからトレンドを読み取り、将来の値動きを予測する手法です。「これまで値上がりしていたからこのへんで値下がりするだろう」「引き続き値上がりするはずだ」といった具合にチャートの動きを視覚的に判断していくのです。

一見、企業経営の実態よりも相場のパターン的な上げ下げだけに着目した、根拠のないやり方のようにも思えますが、過去と同じようなパターンを取ることも多く、経済についての専門知識がなくても、かなりの確率で相場を読むことができるというメリットがあります。さらにいえば、スマートフォンなどでテクニカル分析を行えるアプリなども出てきています。ＡＩを活用したＰｙｔｈｏｎなどのプログラミング言語による相場分析の手法がＹｏｕＴｕｂｅなどで公開されたりしていることから、一般投資家でもかなりの精度でテクニカル分析ができるようになってきました。

そこでここでは、テクニカル分析の基本的な概念を取り上げて、リート投資のヒントにしてもらいたいと考えています。

移動平均線の活用

移動平均線とは、一定期間の株価や投資口価格の終値の平均値を、時間の流れに沿ってつないでいく折れ線グラフです。移動平均線が上向きならば上昇トレンド、下向きならば下降トレンド、横ばいが続いているならば、もみ合い局面と名前が付けられています。移動平均線とはたとえば、５日間の平均値（移動平均値）を結んで折れ線グラフが作られることから、この名前が付けられています。

移動平均線を複数、組み合わせることで、相場のトレンドをより明らかにしていきます。

たとえば、短期の移動平均線が長期の移動平均線の上に来ることをゴールデンクロス、下に来ることをデッドクロスと呼んでいます。

一般にゴールデンクロスが発生すると相場は上昇トレンドにあるとされています。またそれとは反対にデッドクロスが発生した場合は相場は下落傾向にあるとされています。

移動平均線を丁寧に読むことで、相場の流れがわかってくるというわけです。

なお、移動平均線と標準偏差で構成された帯状の値動き線をボリンジャーバンドといいます。ボリンジャーバンドは一種の技術的指標で、バンドの幅の広がり方から、順張り、逆張りなどのタイミングを見定めたり、トレンドの発生を捉えたりします。

ローソク足の意味

ローソク足とはその名のようにローソクのようなかたちをしている、一定期間の値を視覚的に表現したグラフです。日次（日足）、週次（週足）、月次（月足）レベルで始値から終値をローソク型の長方形で表し、そのローソクの本体部分から伸びている部分をヒゲにたとえます。終値のほうが高ければ陽線、始値のほうが高ければ陰線と名前が付けられています。そしてローソク足のパターンにより相場の転換期や相場の雰囲気などを把握することができるとされています。

外国人投資家の動向から相場傾向を把握

外国人投資家とは、主として海外の機関投資家、年金基金、投資顧問会社、ヘッジファンドなどを指します。もちろん、個人の外国籍の投資家なども含まれます。現在、J－REITや東証株式相場などの外国人投資家の所有する日本株の比率は30パーセント程度、J－REITでは25パーセント程度となっています。したがって外国人投資家の動向次第で、相場は大きく変わることになります。

しかも、国内投資家とは異なる投資傾向を示すので、外国人投資家全般に見られる特徴を把握しておくことも重要になってきます。

たとえば、コロナ禍にJ－REITの相場が大きく上昇しましたが、これは外国人投資家がNAV倍率などから割安感を感じた銘柄に買いを大きく入れたためといわれています。物流施設の重要性についての認識度も海外投資家の間では高くなっています。

ちなみに外国人投資家が買い越す場合にはいくつかの理由、要因があります。

まず、大きな要因となるのは、米国の長期金利の利回りです。

米国の長期金利の利回りが高ければ、「わざわざ、J－REITや日本株に積極的になる必要はない」と考えることにもなります。とくに長期利回りが3・5パーセントを超えている水準が続けば、J－REITの積極的に投資する理由はないわけです。しかしながらその一方で、米国債の利回りが高くなると、円安に振れやすいという傾向もあります。そして円安になれば日経平均も東証REIT指数も上昇しやすくなります。

また、相場を見ていると、ファンダメンタルズ分析の論理だけでは理解できない流れにぶつかることがあります。その場合、ヘッジファンドなどの外国人投資家が利益を確定したあとにカラ売りなどを仕掛けている可能性もあります。

外国人投資家にとっては、日本の相場はカントリーリスクが低く、面倒な購入手続きも不要で、投資のハードルが低いともいえます。また、近年の世界的なインフレ傾向や円安傾向などと合わせて考えれば、割安感も大きくなっています。また、不動産価格も比較的安定しているので、J－REITへの積極投資の可能性も高くなります。

加えていえば、国内投資家以上に物流施設の安定した収益力なども高く評価しています。

なお、外国人投資家というと、米国の投資家が多くなるようなイメージもありますが、中国の個人投資家や北欧系年金、中東オイルマネーなど、海外からの投資はさまざまです。

外国人投資家の売買のタイミングを把握することで、相場のトレンドに的確に対応していくことができるようになるともいえましょう。

他方、国内には、「5頭のクジラ」と呼ばれる機関投資家が存在します。5頭のクジラとは、年金積立管理運用独立行政法人（GPIF）、日本銀行、共済年金、ゆうちょ銀行、かんぽ生命保険を指します。

このクジラたちは莫大な運用資金を有していて、株式市場や債券市場に多大な影響を与えています。5頭のクジラの特徴は幅広い銘柄を一気に買うことです。

もちろん、クジラたちはJ－REIT銘柄も保有しています。運用資産に占める割合はまだ低いのですが、ここにきて割合を増やしています。幅広く多くの銘柄を保有するという戦略で存在感を強めていくようならば、その流れに乗ることで、個人投資家も利益を上げることが期待できます。

第8章　経済学の視点から見た不動産投資

本章では視点を変えて、経済学の視点から物流不動産、物流施設について、市場の特性や分析のポイントを考察、解説します。不動産市場が通常の商品（財）とは異なり、「賃貸市場」と「資産市場」を持ち合わせていて、さらにいえば物流不動産は住居用不動産などとは一線を画すユニークな市場であることを紹介します。また「機会費用」という経済学的な考え方から止まらない物流施設開発の行方も考察します。

経済学における「不動産」の機能と役割を把握

物流施設のリート化を考える場合、不動産の経済的な効果についても認識しておく必要があります。

不動産市場の大きな特徴は「土地や施設を第三者に貸し出して賃料収入などを得る」というかたちでビジネスを行う賃貸市場と、「資産として土地や施設を保有して時期が来たら売却することも可能」となる資産市場があるということです。

普通の商品（一般消費財）の場合も、ある程度高額な商品ならば時期を見て売却することは可能ですが、その資産価値が大きく下がることが少なくありません。しかし不動産の場合は建物については経年劣化などで資産価値が減少することはありますが、土地について更地で所有していれば、時価で取引が可能で、物価上昇などにあわせて値上がり、すなわち資産価値が上がることも少なくありません。

他方、わが国の不動産の賃料については、１９８０年代後半のバブル期以降地価は長年下落傾向が続いてきましたが、家賃、賃料はゆるやかに上昇し、その結果、相関関係は弱くなっていました。

けれども、ここにきて、地価が上昇に転じると、家賃、賃料もそれにあわせるかのごとく、上昇度合いを強めています。

もちろん、家賃、賃料は築年数などの影響も受けることになりますが、基本的には地価と家賃、賃料は密接な関係があるわけです。

ただし、こうした不動産市場における常識が、倉庫、物流センターといった物流施設による物流不動産市場では当てはまらないケースが少なくありません。

というのは、近年はその原則が崩れてきましたが、そもそも倉庫業法による営業倉庫は倉庫会社が自社の顧客の貨物の入出庫、保管を行う施設で、基本的に売買目的に建設された施設ではなく、長期保有が原則でした。また、スペース貸しを原則とする家賃、賃料よりも貨物の保管の対価として、保管料、入出庫料を貨物ごとに徴収するというのが倉庫業のビジネスモデルです。

したがって、倉庫、物流センターを不動産の賃貸市場や資産市場という視点から考えるという発想自体が、以前は希薄でした。

ところがそうした既成概念は物流施設のファンド化、リート化の流れのなかで一変してきました。まず、私募ファンドやＪ－ＲＥＩＴに組み込まれるようになったことで、ポートフォリオを構成する資産としての物流施設の価値が認識されるようになりました。物流デベロッパーもＪ－ＲＥＩＴの運営法人などに自社で開発した物流施設などを売却するようになりました。そしてその際、「どれくらいの稼働率でどれくらいの賃料をとれる物流施設であるか」ということがきわめて重視されます。もっといえば、テナントが決まりやすい諸条件を整えた施設に高付加価値があると判断されます。たとえば、屋上緑化や耐震・免震機能、従業員の福利厚生施設などの完備も評価材料になります。

伝統的な営業倉庫なども地価については大きな影響を受けますが、地価の高騰で倉庫エリア一体の風景が一変してしまうこともあります。

たとえば、戦前の倉庫街といわれた東京都の隅田川沿いや芝浦ふ頭などはいまも物流企業が拠点を構えているものの、地価の高騰もあり、先進的大型物流施設が相次いで建設されるというわけではない状況となっています。ロケーションとしては大都市の中心部で物流の要衝としては文句のつけようのないエリアですが、だからといってそれに見合った最新施設が建設されるというわけではないのです。先進的大型物流施設よりもタワーマンションなどの高級住居施設などにより適したロケーションと考えられているともいえるでしょう。

従来的な考え方ならば、それで営業倉庫の将来性も行き詰まっていたかもしれません。

しかし、ファンド化、リート化されることで、先進的大型施設を高速インター付近などに大規模開発することで施設自体の資産価値も賃料も上げていくという方向性が出てきました。地価は比較的安いものの、流山や相模原はインターの近くに集約的に建設することで、満足のいくレベルの資産価値、賃料収入を得られる物流施設をテナント企業に提供することになったのでした。

こうした流れを見ると、物流施設とファンドやリートとの相性の良さを感じずにはいられません。

「機会費用」という概念からの物流施設開発の進展

経済学には「機会費用」という考え方があります。「ある行為をした場合に失うことになるコスト」を指します。たとえば、1時間に1万円稼げる人が時給1000円の仕事をすれば、「1000円稼いだ」というよりも「10000円の仕事をするために1万円稼ぐチャンスを失った」と考えるのです。したがってこの場合、差し引き9000円の損失を被ったともいえます。

そしてこの考え方は不動産投資にあたっても用いることができます。すなわち、ある不動産物件について買収するなどして投資を行う場合、その買収を行わなかった場合、どのようなリターンを得られるのかということがポイントとなるのです。

たとえば、ある都心の一等地を購入するかどうかにおいて、もし購入しないならば、金利の低い金融機関などに預金しておくしかないかもしれません。その一等地の地価がある程度の上昇を見込めるならば、購入せずに金融機関に預金しっぱなしの状態は、機会費用として大きな損失を被ることにもなるのです。

この機会費用の考え方は物流施設のファンド化などときわめて相性がよいと考えられます。

郊外などの都心から離れたエリアにオフィスを建設しても、大きな需要は見込めず、高額な家賃を徴収することは難しいでしょう。商業施設の場合は駐車場完備の郊外型施設を建設することは可能ですが、似たようなロケーション、立地にいくつも建てることはないです。たとえば、「御殿場プレミアム・アウトレット」は富士山や箱根にも近く、東京からも行きやすい抜群の立地で集客も期待できますが、だからといって御殿場にいくつも似たようなアウトレットモールを建設することはオーバーストア現象といわれる過剰競争を誘発するだけで大きな効果は期待できないかもしれません。

また、タワーマンションなどの賃貸住宅の場合、周辺環境の整備が必要になってきます。学校、保育園などの教育施設、スーパー、コンビニなどの流通業の進出、鉄道網、バス路線などの高い利便性も求められます。したがって、タワーマンションなどの郊外開発には時間もお金もかかることになります。

しかし、昨今は少し事情も変わってきましたが、物流施設の場合は、これまでは一般的に、そこまで緻密な開発計画やインフラ整備は必要とされてきませんでした。

物流施設による大規模開発が行われたエリアは基本的にオフィス、住居施設、商業施設などの投資に必ずしも適しているというわけではありませんでした。しかし、潤沢な投資マインドを持つ外資系ファンドなどが「低金利などの諸状況を鑑みると、投資できる対象を見つけて、何らかの投資をしなければ機会損失となってしまう」と考えるようになったわけです。とくにコロナ禍ではオフィスや商業施設への投資が大きく限られていましたので、「ネット通販市場の拡大にあわせて、郊外の安価な土地で比較的低コストで建設できる物流施設の開発は、機会費用の視点から考えてもメリットが大きい」となったのでした。

そしてこの傾向はコロナ禍以降も続いています。外資系ファンドやJ－REIT企業が潤沢な資金の投資先を見定める際に、「投資で大きく儲けるというわけではないが、資金を遊ばせておけば機会費用の損失となる。それならばリスクが低くても確実な投資対象である物流施設がよい」と判断することになるのです。

景気の行方がいま一つ読み切れないなかでも「どこにも投資しない」という選択肢は究極的には大きなマイナスになると、多くの投資家が判断しているともいえるでしょう。

インフレヘッジを念頭に甦る不動産神話

長らくデフレスパイラルで苦しんでいた日本経済もここにきて、ようやく物価上昇のトレンドが出てきました。ある程度のインフレを許容する方向性で動き出しているといえます。

しかし、そうなると心配なのが貨幣価値です。近年はATM（現金自動預け払い機）からの引き出しに制限がつくなど、思うように預金を下ろせない時代となりました。

「あるとき、突然、預金封鎖のようなことが起こるのではないか」と心配する人もいます。

こうした状況を考えると、「万が一、急激なインフレが発生した場合に、現金以外のかたちで資産を管理しておきたい」と考える人が増えてきても不思議はありません。

そして不動産投資はそうしたインフレヘッジ（回避）の有効な対策と考えられるのです。さらにいえばこれまでは土地取引は相当な資産を持ち合わせた人にしかできないという側面もありましたが、J－REITによる不動産投信ならば、NIISAのような少額投資からも始められるというメリットがあります。

もちろん、外貨預金やゴールドなどの貴金属を日本円からシフトしておくという選択肢もあります。しかし、不動産への投資も選択肢に加えることでリスク分散が可能になるのです。

とくにJ－REITの収益の基軸となる家賃、賃料収入は、かなりの経済的ショックが加わっても賃貸借契約期間においては変わりません。物流施設のように5～10年、あるいはそれ以上に契約期間が及ぶ場合にはきわめて安定的な収入が期待できるのです。

同時にJ－REITの誕生により活性化している物流施設の不動産市場には特筆すべき現象が発生しています。これまで土地の値上がりは大都市圏の消費地とリンクしているということが大原則でした。たとえば、新幹線などの新駅ができれば地価が上がることが想定されますが、それは鉄道が敷設されることで、商業地や住宅地が造成され、人が集まり、地域が活性化するということが期待されるからです。

ただし、人里離れた郊外に高速のインターができたくらいでは、いきなり地域活性化にはつながりません。街が出来上がっていくのはそれ相当のプロセスが必要になるわけです。

ところが物流施設が集約的に建設されていくことで地域が大きく活性化されるという事例が相次いで報告されるようになりました。物流施設が高速インターの至近のロケーションに建設されれば、シャトルバスなどで従業員の足も確保され、あわせて、複合施設化するロジスティックパークを起点に人が集まってくるからです。

たとえばJリーグのサガン鳥栖で有名な佐賀県鳥栖市は「九州随一の物流拠点」としても有名です。これは「九州の中心部（臍）」に位置するということから多くの物流デベロッパーが鳥栖市に先進的大型物流施設を開発したからです。岡山県にはプロロジス、日本GLP、大和ハウス工業などが相次いで大型物流施設を建設しています。京阪神と中国・四国地方を同時に睨む物流戦略拠点としての高い適性と、自然災害が比較的少ない地域特性が評価されているからです。そしてこれら物流施設の大型開発が地方活性化に大きく貢献することになるのです。

長らくのデフレスパイラルで地価も低迷し、人口流出に歯止めがかからなかった地方都市ですが、物流施設の大型開発を契機に地価も大きく上昇する可能性が出てきているのです。

果たしてそれが日本の未来にとってよい結果を生み出すのかどうかは、現段階でははっきりしない面もありますが、不動産神話が再び甦りつつあるといえるでしょう。

低リスクで分散投資効果を享受

リートの値動きは株式や債券の値動きとの連動性は低いといわれています。値動きよりも分配金中心で考えるのがリート投資の基本です。

また、一般的な不動産投資とは異なり、「その業界の不動産に精通していなければ投資ができない」という代物ではありません。

もちろん、土地勘や業界に関する知識や情報はある程度、必要でしょう。しかしその知識は「あまりに専門的過ぎて、一般投資家にはどうしようもない」というレベルではありません。

物流特化型リートの場合、それぞれの物流施設の詳細なスペックと取り扱う貨物の物流特性やオペレーションとの相性などは実務経験者や専門家でなければなかなか判断できないでしょう。

しかし、「このような荷主がテナント企業として入っていて、3PL（サードパーティロジスティクス）に定評のある企業がオペレーションをしている。またマルチテナント型施設の稼働率は高く、空室はない」ということがわかれば少額からの投資が可能になるのです。

大正時代、米騒動の発生で、米価が高騰し世間が騒然とするなかで、米卸売業大手ヤマタネの創業者、山崎種二はコメではなく米蔵を買いました。コメが急騰するなかで買占めに走る業者などが米蔵を必ず探すことに気がつき、倉庫を押さえたのです。買占めやモノ不足、インフレなどが進めば、倉庫需要が増すのはいまに始まったことではないのです。

しかし、現代ではよほどの資産家でない限り、大量の倉庫を押さえておくことはできないでしょう。けれどもその代わり、Ｊ－ＲＥＩＴに投資することで、一般の投資家が少額から専門性がきわめて高い物流施設への投資が可能になっているというわけです。

さらにいえば、一般的に「地価の高騰」が話題となるのは住宅地や商業地であって、工業地の地価が「高騰する」ということで注目を集めるということは、２０００年以前には本当にレアケースでした。

しかしここにきて、工業地、しかも物流施設建設用地の地価が大きく上昇しています。しかも物流適地の地価の上昇は住宅地や商業地の上昇とはかなり異なる特性を持っているのです。

従来、工業地に建てられる工場や倉庫は自社保有が原則でした。また相当な規模の敷地が必要ということもあり、国有地の払い下げなどで安価で取得されているケースもあります。倉庫についても港湾地域などのストック型倉庫は長期保管が原則ですから、所有者が頻繁に変わるといったこともありませんでした。したがって、２０００年以前には工業地の地価が極度に高騰するということはほとんどありえないことでもありました。

しかし、不動産金融の考え方が取り入れられ、物流施設がファンドで建設され、Ｊ－ＲＥＩＴが誕生したころから状況が一変してきたのです。

物流適地をめぐり工業地の地価が高騰

物流施設が建設される物流適地の多くは、およそ世間一般の不動産常識とは異なるような視点から値が吊り上がり、土地に価値が付けられてきたともいえます。

物流デベロッパーが求める物流適地は当初は、江東区木場などの既存の物流センターや倉庫が多く立ち並ぶ「倉庫街」か、その近隣でした。

けれども物流施設の建設の主体が倉庫会社から物流デベロッパーに移行していく流れのなかで、物流用地の取得競争は過熱していきます。

「2000年代初頭に神奈川県の国道沿いのある物流用地をめぐって、複数の国内外デベロッパーなどが値を吊り上げ合い、結局、そのうちの1社が当時の常識を超えたような価格で落札しました。取得競争が展開された土地自体は当初、それほどの需要があるとは多くの関係者は考えず、蓋を開けてみたら物流デベロッパーが殺到して驚かされたというのが真相です。しかもそうした経過自体が当時としては驚くべき事態といえましたが、さらに驚いたことにその用地にできたマルチテナント型の大型物流施設は瞬く間に満床となりました。そしてそれからまもなく、そんな話があちこちで聞かれるようになりました」(物流不動産関係者)。

これまでも何度か触れてきたように、物流がロジスティクス(戦略物流)へと進化し、物流企業が顧客企業の物流改善を請け負う3PLが浸透し、さらにネット通販市場の拡大で物流拠点の重要性が増すなかで、物流用地に対する需要はそれまでの常識を覆すレベルで増大していったのです。

「東京の官庁街に近い虎ノ門界隈で、店舗や飲食店の関係者なら見向きもしないような大通りの一本内側の裏通りにできた空き地を宅配便企業が値を競い合って、取得に乗り出したことがあります。宅配便の営業所にはもってこいという理屈なのでしょう。虎ノ門界隈自体が、官庁街も近く、細かい配送を繰り返すには絶好のロケーションですが、宅配便の営業所は表通りには必要なく、集荷・配送のトラックを停められるスペースと荷捌き場の確保を考えると、裏通りのほうが都合がいいというわけです。しばらくして出来上がった営業所を見ると、間口のスペースや天井高などは宅配便の台車、かご車などの寸法から逆算して緻密に設計されていました。よく考えたものだなと感心しました」（不動産リサーチ関係者）。

したがって、物流不動産の価値は一般投資家などにはなかなか認識されにくいということになります。

そしてそれゆえ、物流不動産市場に登場する物流デベロッパーは一般の投資家が考えるのとは異なる動きを見せます。それが拡大する物流不動産市場の行方がなかなか読み切れないことに繋がっているともいえるのです。

非ワルラス型市場となっている物流不動産市場

経済学の概念の一つに「ワルラス調整」というものがあります。市場メカニズムが均衡状態に達するプロセスを指す経済学用語です。

ワルラス調整では、価格と数量の変動を通じて市場における需要と供給が調整されていきます。

需要が供給よりも多い場合は価格が上昇し、供給が需要よりも多い場合は価格が下落し、それを繰り返していくことで価格が決まっていきます。そしてワルラス調整で均衡が達成されている市場をワルラス型市場といいます。

完全競争が実現されていて、マーケットのプレーヤーは価格変動に対して適切に対応していくというのがワルラス型市場の特徴です。もちろん、価格変動などに関わる市場条件についてはプレーヤーは十分な情報を持ち合わせています。

ところが、不動産市場、なかでも物流不動産市場はワルラス型市場とはなっていません。

まず、完全競争市場とはいえないので、市場のプレーヤーはかなり限られています。また、物流施設に関する情報は専門性が高く、しかも昨今、流行している「ロジスティックパーク」のように先行事例の少ない開発では高度

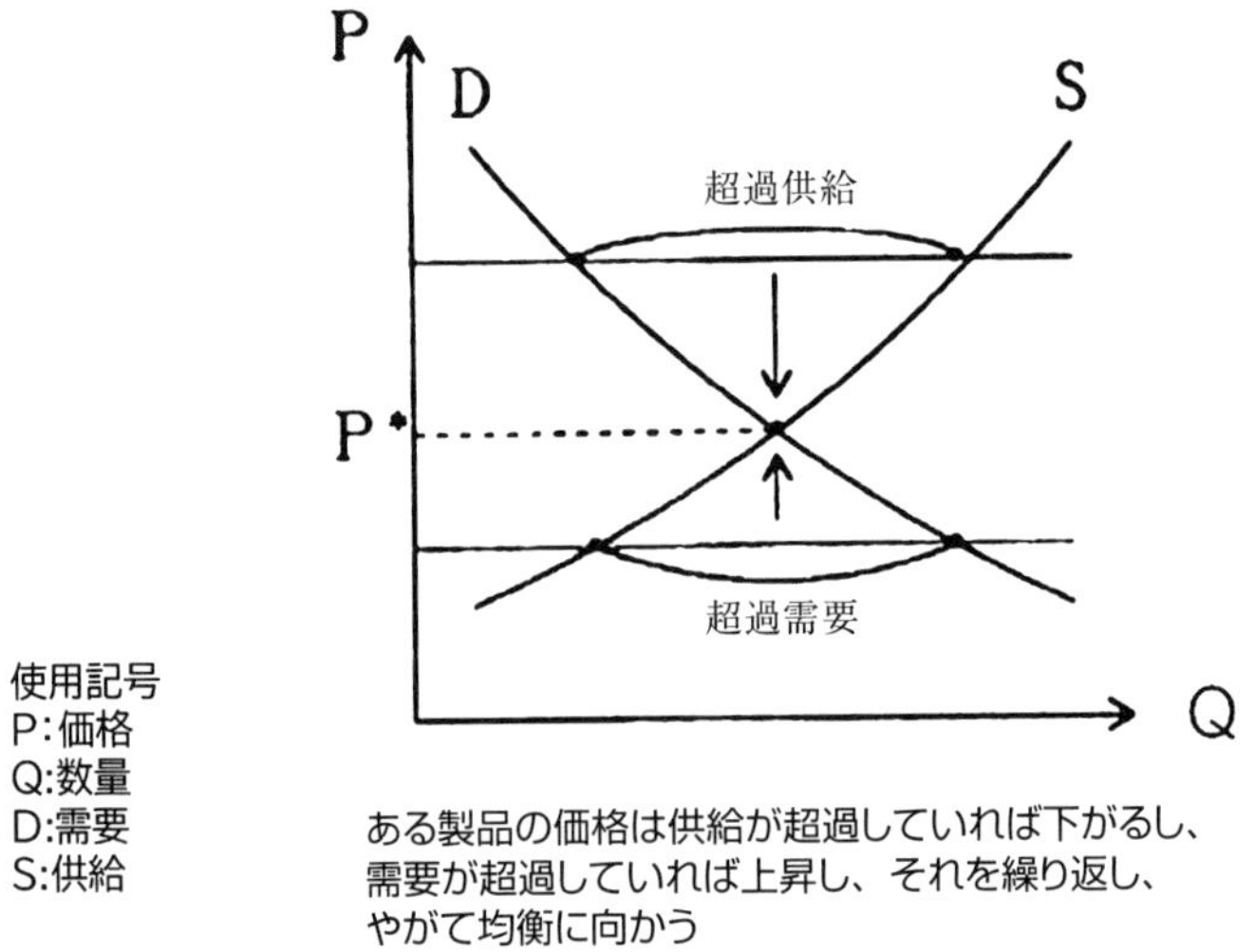

ワルラス調整

なオリジナリティや先行性も要求されます。また、不動産市場の売買や賃貸の契約交渉には時間もかかり、短期間での価格変動で均衡を目指すというワルラス調整とは異なってくるのです。

そのように一般的なミクロ経済学の基本セオリーとは異なる非ワルラス型市場となっていることも物流不動産市場の先行きが読みにくい大きな理由となっているのかもしれません。そしてそれが世間が考える「物流施設は供給過剰ではないのか」「一部の物流デベロッパーが地価を吊り上げていて、市場が不健全だ」といった声に繋がっているのかもしれません。

また、物流不動産市場はメジャープレーヤーの数に限りのある寡占型市場と考えられますが、各デベロッパーが競争企業の施設開発数などを予測して自社の最適開発数を決定するという「クールノー均衡」とも異なります。また、企業の利潤を最大化するという「ベルトラン均衡」とも異なります。物流不動産の賃貸市場は価格的には非競争の要素がありますが、賃料や契約条件に関しては競合企業の影響も受けるので、クールノーともベルトランとも微妙に異なってくるのです・

ただし、物流不動産市場は基本的にはメジャープレーヤーが限られている寡占市場で、有力プレーヤーがマーケット全体を支配して、相互に強い影響を与える存在となっているということがいえます。有力な1社が賃料を大幅に引き上げたり、付加価値の高いサービスを導入したりすれば、他のデベロッパーがその影響を受ける可能性が相当にあります。

Ｊ－ＲＥＩＴの運営法人のスポンサー企業となりうる物流デベロッパーのなかにはスタートアップ企業や大企業の新規参入なども増えていますが、中心となるプレーヤーはまだまだ限定的といえるのです。

それゆえ、物流不動産市場が今後、どのように発達していくのかはなかなか読み切れないところではあります。「いつかは需要過多に陥るはず」「いやすでに需要過多である」「来たるべき物流不動産バブル崩壊のXデーに備える必要がある」といった声も耳にします。実際、Xデーはいつかは確実に訪れることになるでしょう。

しかし、ネット通販の旺盛な需要や製造業の国内回帰という大きな流れのなかで、もうしばらくのマーケットの成長が信じられています。国際経済などの外部要因が大幅に悪化しない限り、マーケットの崩壊はかなり先になるという見通しが強いともいえるでしょう。

第9章　戦略ウエアハウスの基本知識

本章では物流の視点から、やや専門的な解説を行います。物流施設、物流センターの種類やオペレーションの観点から見た理想的な物流施設のスペックのポイント、さらには物流不動産の特徴をふまえたうえでの物流現場改善の事例について紹介しています。物流不動産や物流施設開発に関わるうえでも押さえておきたい、物流実務の基本知識を解説しています。

（1）物流施設・物流センターの種類

ロジスティクス機能の高度化を求められる物流センター

１９９０年代後半の平成不況以降、企業のリエンジニアリングの急速な展開、海外への工場移転などに伴い、わが国の物流施設は供給過剰となりました。その結果、ロジスティクス機能が的確に満たされない旧式の物流施設は淘汰されることになりました。

物流センターに在庫を置かないスルーセンターの機能が求められるようになったのです。また多層階でなくできるだけヤードやバースが広く、短時間で荷捌きができる機能が重視されるようになりました。

たとえば、百貨店、スーパー、コンビニなどの小売流通業界の配送センターはこれまで次々と集約化されてきました。昭和バブル期まではエンドユーザーの至近の位置に在庫を置き、多頻度・小口の即納体制を構築することが販売戦略の軸となっていましたが、その結果として過剰在庫がヒートアップすることになってしまいました。そこで、平成期には拠点を集約化し、一元管理することで物流効率を向上させる戦略がとられるようになりました。同時にその時期は日本企業のリストラ、リエンジニアリングなどの進展により、生産拠点が海外に移転するケースも増えてきました。

分散していた在庫拠点を大幅に縮小することで、人員、施設、在庫などを削減して、統合拠点で一括管理する体制が採用されるようになったのです。

ロジスティクスの司令塔としての物流施設建設

現代物流では倉庫は利用形態から大きく3種類に分けられます。「ストック型倉庫」「スルー型倉庫」（流通型倉庫）とその中間的な機能を持つ「総合型倉庫」です。ストック型倉庫とは主に貯蔵を行う倉庫のことです。

一方、スルー型倉庫とは保管の期間は比較的短く、貨物の出入庫の頻度が高くなります。ネット通販に対応したフルフィルメント業務を包括的に行えるフルフィルメントセンターなどもあります。

なお、総合型倉庫はストック型倉庫とスルー型の中間的機能を持ち合わせた倉庫になります。倉庫業法により、営業倉庫と自家用倉庫とに分類することもできます。倉庫業法により認められた倉庫を「営業倉庫」、民間企業の私有、私用の倉庫を「自家用倉庫」といいます。次に基本的な物流施設の名称、概念について説明しておきます。

ロジスティクスセンター（広域流通センター）

通過型、あるいは総合型の倉庫は物流センター、配送センター、流通センター、（路線）ターミナルなどといわれることもあります。

「ロジスティクスセンター」は1991年に建設省が「財団法人道路経済研究所」に委託して設置した「ロジスティクス高度化研究会」の「ロジスティクス高度化に対応した道路物流政策のあり方に関する調査研究報告書」の中

で提示されている表現です。この類似の概念として「広域流通センター」があります。メーカーの流通センターと卸売業の配送拠点とを統合する概念が出発点です。
生産拠点からエンドユーザーまでのモノの流れを管理する「物流全体の司令塔」としての役割が求められ、当初からサプライチェーン全体の情報共有を推進することにより、高度な在庫管理の実現を図ることが念頭に置かれました。

トランスファーセンター（TC）

スーパーマーケットなどの小売業が荷主となる流通型の物流センターであるトランスファーセンター（TC）では、クロスドッキングが行われます。

多品種の物品を荷受けして、即座に需要先に仕分けて発送する積み替え業務をクロスドッキングといいます。物流スキームにクロスドッキングを組み込むことでリードタイムの短縮、在庫圧縮、積載効率の向上、さらには在庫回転率の向上や格納業務の簡略化など、トータル物流の効率化が促進できます。

一般に配送する際にトラックをいつも満載にすれば輸送効率を最大化することができます。しかしトラックが満載になるまで待機していれば、その結果、品物を捌くのに時間がかかり、在庫費用がかさむ恐れも出てきます。理想を現実化するためにはトラックが常に満載になるように製品の生産・供給リードタイムをできる限り短縮し、保管期間を最小化するように工夫しなければなりません。

長期にわたり商品を保管し、時間をかけて出荷先ごとに仕分けしていればたいへんな手間がかかります。保管のための物流倉庫も相当数、必要になります。そこでソリューションとして、従来は工場で行っていた出荷先別の仕分け作業を物流センターで行うようにします。もちろん、可能な限り迅速に行います。

つまり、短時間で複数の出荷先から輸送されてくる品物を物流センターで取引先ごとに区分し、配送していくのです。多品種を荷受けして、即座に需要先に仕分けて発送する積み替え業務を行うのです。

クロスドッキングを導入することで、物流センターの統括のもとに工場の倉庫や小売業の店舗が大きな在庫を持たなくてすむ効率的なトータル物流システムの構築が可能になります。

なお、小売業の物流センターでは日次レベルで高頻度の出荷業務が行われています。そのため、ミスなく正確なピッキングを高速に行う必要に迫られています。そしてその視点からある程度以上の規模になると、ピッキングの自動化が必須条件となってきます。

ピッキングの自動化に関しては、物流機器メーカーが次のようなピッキングシステムを販売し、対応しています。これらを戦略的に組み合わせ使用する物流施設が望まれます。

①デジタル式オーダーピッキングシステム

棚などに取りつけられたデジタル表示器の指示に従って、物品を摘み取っていくものです。少品種多量から多品種少量まで、幅広い用途に対応したシステムの構築が可能となっています。

②ピッキングカート式オーダーピッキングシステム

台車に表示された指示に従って、棚から商品を摘み取って台車の各間口に仕分けます。ピッキング／検品／仕分けが同時に行えます。複数オーダーを一度に処理することも可能です。

③デジタル式種まき式ピッキングシステム

棚などにつけられたデジタル表示器の指示で物品を種まき式にピッキングします。入荷した物品を即座に仕分けての出荷に対応できます。

なお、出荷作業を効率的、かつシステマチックに行うには保管エリアとピッキングエリアを効率的に結ぶ庫内レイアウトが求められます。物流センターの在庫量が少なければ保管スペースは少なくてすむので、ピッキングの際の移動時間も短縮できます。

定温物流センター

物流センターにおける食品の商品管理と物流システムの構築では消費期限、賞味期限、製造年月日などの管理が重要になります。

生鮮食品などの冷凍・冷蔵の管理もふまえたシステム構築も必要になります。食品販売についても対象となる小売業の業態がコンビニエンスストア向け、スーパーマーケット向け、百貨店向け、ネットショップ向けなどにより、対応は異なります。いずれにせよ、食品を扱う小売業向けの物流センターでは、温度管理の重要性が何よりも重要になります。

冷蔵保管エリアへの入庫に際しては、常温の物品以上に迅速に作業をすることが求められます。外気に触れたまま長時間が経過すると食品などの品質が変化してしまうリスクが出てくるからです。必要に応じて保冷用のカバーなどもかけるようにします。

また入庫後は即座に冷やすようにします。また、物品の乾燥に注意しましょう。カビなどの発生の原因となります。万が一、カビなどが発生した場合は速やかに厳重に処分します。メーカー（荷主）にもこのことを忘れずに迅速に伝えるようにしましょう。

冷蔵保管においては、まず、賞味期間が存在するということから、先入れ先出しが大原則になります。

そのうえで保管期間ごとに保管エリアを区別します。保管期間は大きく、長期保管と短期保管に分けられるはずです。なお、同じ保管物でも日付けが違うものは分ける必要があります。変色、変質したものについても同様です。また保管物はロケーション管理を行い、わかりやすく保管するようにします。

また、保管に際して、床に直接、平積みするのは避けましょう。なお、室温が高くなると、保管物は乾燥しやすくなります。除湿器、包装、カバーなどで対応しましょう。反対に室温が低くなると吸湿しやすくなります。加湿器を用いる、庫内に水をまくなどの対応策があります。

製造業のパーツセンター

製造業の物流センターはパーツ（部品）センターと完成品の配送センターに分けて考えることができます。ただし、配送センターは小売業が荷主になり、３ＰＬ企業などが運営することが多いため、製造業が直接関わるセンターはパーツセンターということになります。パーツセンターは調達物流の起点となります。

パーツセンターには原材料や部品が入荷、保管、荷合わせされ、工場の生産計画などにあわせて出荷されます。入荷された原材料や部品は荷卸しのあとに検品されます。検品が済むと所定の棚などのスペースに格納されます。同時にコンピュータで入庫登録を行い、保管数が計上されます。

出荷指示が出ると、物品は保管エリアからピッキングリストに基づいてピッキングされます。ピッキングが終わると物品は梱包され、出荷先別の仕分けが行われます。もちろん、梱包や出荷処理が複雑ならば、コスト的な負担も増えます。包装の簡素化を推進し、あわせて納品書の発行や出荷検品が行われます。その際、包装の簡素化を推進したり、迅速にムダなく出荷処理を行ったりすることが重要になります。

ちなみに近年は、パーツセンターで簡単な部品の組立て作業を行ってから工場に出荷するという傾向が強くなっています。

さらに工場で生産された完成品は小売業の配送センターなどに出荷されていきます。

卸売業の物流センター

一般的に製造業の工場から、小売業ではなく卸売業の物流センターに向けての出荷が行われることも少なくありません。取扱う品目にもよりますが、製造業1社当たりからの出荷がバラで出荷するよりもケース単位やパレット単位になることも多いです。

製造業の工場から卸売業の物流センターに運ばれた物品は、小売業の発注を受けて、小売業の物流センター、営業所、店舗などへ送られることになります。卸売業から小売業への出荷ではバラ出荷も多くなります。

卸売業の物流センターでは多品種少量をミスなく出荷する必要があるため、高度な自動倉庫の配備、ピッキングシステム、ソーティングシステムの高性能化、情報システムの高度化など、最先端のマテハン装備が求められます。前述したように製造業の工場から卸売業の物流センターに出荷される物品はパレット単位が多くなります。しかし卸売業の物流センターではパレット単位の物品を今度はケース単位、あるいはピース単位でピッキング作業を行い、小売業の物流センター、営業所、店舗などへの出荷に備えなければなりません。小売業からの「商品を小分けしてほしい」という要望の声が強くなってきたことを受けてのことでもあります。取扱いアイテム数が膨大な数になることも少なくないので、ピッキング作業を手作業で行うのは、物流センター側にとってはかなりの負担となり、誤出荷の原因にもなります。そこでピッキングの自動化や自動倉庫とのリンクなどによる完全自動化の動きが大きくなってきているのです。

（2）物流拠点構築のプロセスマネジメント

物流施設の立地

物流施設を建設するにあたってはまず立地の選定を行なわなければなりません。ただし土地利用条件に制約が多い日本では、最適のロケーションを選定してもそこに思うような倉庫を建設することは難しいケースも少なくありません。

なおロケーションの選定にあたっては、以下の条件を考慮する必要があります。

①　**輸配送のカバーエリア**

物流施設が対象とする調達地やユーザーなどがどのように分布しているのかを把握することが、ロケーション選定の最大の要素となります。

②　**輸配送の手段**

鉄道貨物駅、港湾、空港、トラックターミナル、高速インターなどに近接していればプラス要因となります。また24時間稼動が可能な場所であるかどうか、トラックの進入路や待機場所などにおいて近隣とのトラブルが生じない環境にあるかどうかも重要なポイントとなります。

③　**用地の地価・法規制**

物流施設の用地取得が容易かどうかも重要な判断材料となります。

また便利な場所でも用途地域の指定によっては倉庫、物流センターなどを建設できない場合もあります。条例などの規制にも注意する必要もあります。

④　**情報システムとのリンク**

情報システムとのリンクが容易にできる環境が整っているかどうかも近年は重要なポイントとなっています。

⑤　**従業員の通勤の便などの付加条件**

物流施設としての立地条件がよくても従業員が通勤しにくい、あるいはパートタイマーなどの確保ができないケースも出てきます。

また立地選定のための基本的なデータとして、例えば調達地から物流施設までの輸送数量、ユーザーへの配送数量、物流施設への保管数量、配送ルート別の取扱量などを時間帯別、週別、月別、季節別など、状況に応じて検討する必要があります。さらには輸配送、人件費などのコストも事前にシミュレーションを行い把握しておく必要があります。

⑥　**都市型と郊外型**

日本の物流施設は都市型と郊外型に大別できますが、都市型物流施設はアクセスが便利である反面、収益ベースの問題から多層階が多くなっています。一方、郊外型物流施設は、アクセスは悪いものの、面積、有効高、設備も整っていて賃料も比較的安くなります。

そして両者の特徴をふまえると物流拠点戦略の構築が容易になります。都市型物流施設をマイクロ拠点として高頻度出荷店の重点的な出荷拠点に、郊外型物流施設をロングテール対応のストック型拠点に活用することでトータルコストの削減を図るのです。

⑦ 環境武装

さまざまな環境に配慮することによって、光熱費などのランニングコストを大きく削減することが可能になります。太陽エネルギーシステムや、屋上緑化、緑地帯の導入など、環境に対して十分に気を配ることによって物流施設の付加価値を高めることもできるわけです。

物流施設建設のプロジェクトマネジメントの推進

物流施設の実際の建設にあたっては建設会社や建築士にアドバイスを求めながら、プロジェクト全体が管理されていくことになります。

一般的に物流施設の建設には12～15か月ほどの期間がかかるとされています。大規模開発、あるいは超巨大物流施設の開発、建設となればそれ以上かかります。

しかし、「倉庫ならがわずか数か月で完成するだろう」と誤解されることも少なくありません。

なお営業倉庫としての物流施設の建設にあたっては、建築基準法による用途地域制限にも注意する必要があります。たとえどんなに物流センターの立地に優れた場所でも、第一種住居専用地域、第二種住居専用地域、住居地域では小規模の自家用倉庫を除いて建てることはできないのです。「営業倉庫」としての物流施設の建設は、近隣商業地域、商業地域、準工業地域、工業地域、工業専用地域か、指定のない地域でなければ原則として建てることができません。

その他、倉庫業法、消防法、駐車場法、宅地造成等規制法などの諸条件を満たす必要もあります。入念な事前チェックが必要となるわけです。

物流施設の外部レイアウト

ウエアハウスの外部レイアウトは形状やレイアウトに大きく影響してくるきわめて重要なファクターですが、必ずしもよい形状の用地ばかりではないはずです。したがって土地の形状からレイアウトを考慮する必要も出てきます。物流施設の規模や内部レイアウトを考慮しながら入出場車両の数、頻度、規模を決定するわけです。また緑地帯などのバランスを考慮する必要もあります。

なお、物流施設の外部及び内部のレイアウト設計については、たとえばメガソフト社などの倉庫3Dツールを活用することで質の高い設計を実現できます。

物流センターに必要な施設

物流センターには入出荷バース、製品・仕入れ商品の荷受場、荷捌き場、検収・解梱場、製品保管場、ピッキングなどの集品作業場、流通加工（プロセスセンター）機能、梱包作業場、梱包資材置き場、ユーザー別仕分け場、出荷検品場、出荷ホーム、出荷積込場などが必要となります。

また近年は事務室や会議室、応接室、さらには食堂や作業員の更衣室、あるいは洗面所、浴室なども完備していることが先進的物流施設の条件となっています。また最先端の空調設備も必要になります。

仕分けスペース・ピッキングエリアのレイアウト

仕分けスペースのレイアウトに関しては、ストック型とスルー型の物流施設ではレイアウトが異なります。

一般にストック型では荷動きは少ないので、垂直搬送機などは入出庫バースに隣接して設けられることが多くなります。

これに対してスルー型では、荷動き、仕分け作業が多くなるために床面積の30～50パーセントを荷捌き場にする必要があるケースも出てきます。

また、入出庫バースの後方に積み込みのためのソーティングスペースが設けられるのでエレベータなどの位置も物流施設の内部に設けられるのが主流となっています。

なおピッキングエリアは原則的に一方通行とし、入荷ゾーン、入庫ライン、保管ゾーン、オーダーピッキング・ライン、出庫ライン、出荷ゾーンを合理的に配置するようにします。

トラックのバース数

トラックターミナルで一度に処理できるトラックの接車口を「バース」といいます。バース数が少ないと荷待ちトラックが増加してしまいます。しかし、多すぎるとバースがいつも空いているということになってしまいます。

なお、トラックバースには低床ホームと高床ホームがあります。

低床ホームとは地面から段差のないホームのことです。段差がないことにより、庫内外をまたいでフォークリフトやトラックの作業が円滑に行われるというメリットがあります。ただし、外部からのホコリなどが入りやすいというデメリットもあります。

これに対して高床ホームは外部からのホコリなどから商品の保護に適しています。この場合の床の高さは80～120センチメートルが標準とされています。またトラックの荷台と段差が小さくなるので作業者は直接、商品を取り卸しやすくなります。

ピッキングエリアのレイアウト

フローラックを下段にして、その上方にケースラックをメザニン（中二階）として設備する方法もあります。パレット単位で出庫するものは出庫ラインからフォークリフトで出庫し、ケースピッキングします。パレットは出庫口で台車に移すなどします。

通路レイアウト

物流施設では通路の占める割合は大きく、それゆえそのレイアウトは重要となります。作業性を無視して通路を作らないようにします。

物流施設の通路にはさまざまなパターンが考えられます。物流センターの機能、構造、フォークリフトの活用度などがレイアウトを大きく左右されます。物品を取り出すのに必要なスペースを確保したピッキング通路に入出庫作業通路を組み合わせたものが通過型では多くなっています。

一例として、道路の幅の目安は2トンクラスのカウンターバランス型のフォークリフトを想定すると、入出庫作業用の通路で5メートル程度となります。

また一般的な通路は2〜3メートル、枝となる通路では1・2〜1・5メートルが必要となります。通路の間隔はフォークリフトによる入出庫作業で10〜20メートル、人が歩いて作業する場合には5〜10メートルが目安となります。また安全面での通路確保にも十分に注意する必要があります。

ちなみに保管有効スペースは、床面積の45〜50パーセント程度、実質保管スペースは75〜80パーセントが目安になります。

物流施設の耐用年数

建物の耐用年数についても確認しておく必要があります。物流施設の有形減価償却資産としての耐用年数は倉庫事業の倉庫用の場合、冷蔵倉庫用の場合は24年、その他のものの場合は31年となっています。また倉庫事業用ではないその他のものでは38年になるものもあります。個々の事例に合わせて確認しておく必要があります。

物流センターの設備管理・保全の充実

物流センターを施設面から管理するにあたっては、さまざまな視点からチェックしていかなければなりません。新築ではなく、ある程度建設から年月が立った物流センターの場合、雨樋、壁、床などに異常がないか日頃から入念に見ておくようにしましょう。

たとえば、物流センターの床はオペレーションの負担により、劣化を起こしやすい環境にあります。磨耗、落下物の衝撃なども受けやすくなっています。エレベータの周辺などの床の傷みは激しくなります。仕上げ材に浮き上がり、はく離、鉄骨の露出や発錆などが生じることも少なくありません。

また、床に沈下、波打ち、傾斜などがあったり、たわんでいたり、亀裂があればオペレーションの大きな障壁となることもあります。フォークリフト荷役などによる床の振動が大きいケースも要注意です。とくに多層階の物流センターの上層階でフォークリフト荷役などを行う場合、荷重制限が見やすい場所に表示されていると、適切なフォークリフトを使うことが徹底されやすくなります。出入り口扉、シャッター、窓などの建て付けなどについても日頃からチェックしましょう。

なかでもシャッターなどはフォークリフトがぶつかり、損傷したり、変形したりすることが少なくありません。開閉がうまくいかないと安全上、危険です。

照明についても、ちらつきのあるものがないか、常にチェックするようにします。照明に不都合があれば、検品やピッキング作業に少なからぬ影響が出ることも考えられます。適度な照度となっていることを常に確認しましょう。配線がタコ足となっていると、つまずきなどの原因にもなるので注意するようにしましょう。

消火器についても、規定の本数が用途に適した正しい位置に正しいかたちで置かれているかも確認するようにしましょう。

スプリンクラーや火災報知装置についても同様にチェックしましょう。定温倉庫では、空調機が正常に動いているかどうかを常にチェックするようにしましょう。空調機の電気使用量に著しい変化があれば、何かしらの異常がある可能性があります。常に温度湿度が正常かどうかを気にかけるようにしましょう。また、パレットや段ボールなどが空調機や、ダクト、給排水管などと接触していないかということにも注意する必要もあります。

（3）最新物流施設のインフラを生かした物流改善

庫内スペースの有効活用

基本的に在庫というのは、とくに削減の努力をしなければ、自然に増えていきます。これは物流センターについても例外ではなく、在庫量について徹底的な管理を行わない限り、全体量は増加傾向を示します。

物流センターの在庫が膨らんだ場合、付近に外部倉庫を賃貸するという緊急策をとることもあります。しかし、外部倉庫を借りるとなると、その賃料は相当の額に上ります。できれば現在の保管スペースの効率アップを図り、保管コストを抑えたいところでしょう。

庫内は保管スペース、作業スペース、仮置きスペース、その他（通路など）に分けて考えられます。

保管効率を向上させるために、まず着目したいのは仮置き場です。仮置き場とは入出荷などの際、一時的に物品を置く場所のことです。

仮置き場は一見、作業効率を効率的に行うために必要なスペースに思えます。けれども多くの場合は逆に作業効率を落としムダなスペースとなっていることが少なくありません。

そこで仮置き場を最小限に抑えるように工夫したいところです。そのためには入荷、入庫、格納、保管、出庫、出荷という庫内の一連の作業の流れをできるかぎり統合します。たとえば「大量に入荷した物品をいったん保管エリアに仮置きして、それから順次、棚入れ、格納していく」のは避けましょう。入荷と棚入れ・格納のプロセスを統合すれば仮置き場を省くことができるわけです。「検品作業が忙しいので梱包しなければならない物品はとりあえず仮置きしておく」といったことも好ましくありません。検品と梱包という別々の工程をまとめれば、双方の作業プロセスの間に仮置き場は不要になります。また仮置き場が庫内のスペース比率の35パーセントに達しているならば、そのスペースを半減させることを目指す必要があります。

自走式施設の活用で効率化される物流オペレーション

従来型の日本の物流センターは多層階になっていて、1階にトラックバースがあり、物品の入荷後に2階の保管スペースに垂直搬送するといったレイアウトになります。

しかし、入荷から入庫、棚入れ、格納・保管、出庫、出荷という一連の作業プロセスはできることならばワンフロアで行うほうが効率は上がります。

工場や物流センターは基本的にはワンフロアで完結しているほうがオペレーションがスムーズに進みます。平屋型施設が多層階よりも優れているといえるでしょう。けれども大都市圏では平屋型施設は地価、賃料などを考えると、なかなかのぜいたくになってしまいます。

そこで注目されるのが、各階のブロックごとに独立性を持たせ、直接アクセスできるようになっている自走式物流倉庫です。

自走式施設は、各フロアにトラックバースがあるため、それぞれのフロアが平屋感覚で使うことができます。

自走式ならば、倉庫の1階部分ではなく、2階か3階のワンフロアを借りても、垂直搬送機やエレベータに頼らないオペレーションを行えるのです。もちろん荷役コストの削減なども可能になります。

さらにいえば、オペレーションをワンフロアで完結させることで、垂直搬送、エレベータなどの点検・保守コストも不要になります。エレベータ荷役につきものの縦持ちも解消できますし、フォークリフトの台数や点検費なども削減できます。

固定ラックの導入による物流現場改善

物流センターの保管レイアウトを考えるうえで重要なポイントに「荷繰りと荷探しをなくす」ということがあげられます。荷繰りとはたとえば、ある保管品を取り出す際にその保管位置の手前などにある物品を一時的に別の場所に移動させることなどを指します。意味のない仮置きのことです。

また、荷探しとはその名の通り、「荷物を探す手間」のことです。「どこに保管物があるのかわからない」という状態では入出庫処理やピッキング作業が円滑に進みません。「どこに何が保管されているかが瞬時にわかり、それをスムーズに出し入れできる」というのが最善の保管状態といえるでしょう。

たとえば段ボール箱で保管物を段積みしておくと、最初に定めた保管場所以外の通路などに一時的に別の保管物を置かなければならなくなります。そうなれば通常の保管品を取り出す場合には手前の通路の物品を一度、移動させる必要が出てきます。

しかしこれでは通路の物品にかかる移動時間が相当なものになってしまいます。また通路が死角になって「保管物がきちんとそこにあるか」ということがわからなくなることもあるでしょう。先入れ先出しを励行する際にも大きな障壁となりかねません。

そこでこうした保管の非効率性を改善する対応策として、固定ラックの導入があげられます。

固定ラックを導入することによって、たんに段積みよりも保管効率を20パーセント向上させることができます。一見、ラックに保管するのではなく高積みするほうが作業がしやすいように感じるかもしれませんが、保管スペースからの取出しや格納の時間が短縮できるということもあり、作業時間はほぼ半減すると考えられます。物流センターの動線を考えながら、固定ラックをきちんと導入することで保管効率、作業効率が大きく向上するといえましょう。

ピッキングエリアのレイアウトの改善

物流センター内のレイアウトはワンウエイが基本になります。入荷から出荷までの作業動線が一筆書きで表せるようになっているかどうかが目安になります。

庫内全体のレイアウトとしては、入荷、検品、保管、ピッキング、仕分け、積込み、出荷の各エリアを一方通行型に並べます。作業動線が重複したり、後戻りしたりすることがないようにします。動線を合理化し、作業数、残業、手待ちなどを減らすのです。

作業者がピッキングリストにしたがってピッキングエリアを一巡すると、作業が終了するようにします。通路の片面だけではなく、棚の両面からピッキングできるようにするとよいでしょう。さらにいえば、動線はたんにワンウエイにするだけではなく、歩行距離が可能な限り短くなるようにしましょう。

物流センターの在庫量が多い場合、出荷量が少ない物品は保管エリアとピッキングエリアを分けて、ピッキングの歩行距離を短くするという方法が有効です。作業者の動線を短くすることによってピッキング作業が効率化し、人員や残業の削減が可能になります。

また、保管エリアに移動ラック、自動倉庫などを導入し、ピッキングエリアを必要最小限にすることでスペース効率も高まります。この場合、ピッキングエリアではケース単位、あるいはバラ単位で保管し、必要に応じてパレット単位、あるいはケース単位で保管されている保管エリアから物品を補充します。ちなみにトータル在庫量が少なく出荷量が多い場合には、保管エリアとピッキングエリアを統合するレイアウトも考えられます。

物流センター機能の一部を外部に移転

物流センターの運営コスト自体を節約するために、工場、あるいは営業所、店舗などに物流センターの在庫保有機能を移してしまうという思い切った改善策も考えられます。

たとえば自社の3工場で生産分業を行っている部品メーカーA社は、各工場内に製品在庫を保管する倉庫を持っていませんでした。各工場で生産した製品の在庫は首都圏にある物流センターに集約され、そこから電気機器メーカーなどに納入されていました。物流センターは自社物件ではなく賃貸でした。しかし近年、生産量、販売量が拡大し、より大きなセンターが必要になってきました。

そこで製造コストの削減を進めたことで生じた工場内の空きスペースに目をつけました。物流センター内の過剰在庫を処分することとあわせて、工場内の空きスペースを保管倉庫として活用することにしました。自社工場内の空きスペースを有効利用したことで追加的な保管コストの発生をうまく回避したのでした。

また、小売業の場合、大型店舗を構えることで、店舗のバックヤードや陳列在庫に本来、物流センターが抱える在庫を持たせるという戦略をとる企業もあります。店舗に陳列することで販売機会を増やし、機会ロスを減らしていこうという考え方です。

もっとも在庫を分散して持つことにより「どこにどれくらいの在庫があるのか」ということがわかりにくくなる

恐れもあります。拠点を分散することで過剰在庫が発生しやすくなるわけです。したがって、物流センターの在庫保有機能を外部に移す場合には、各拠点の在庫量を常時、チェックするようにしなければなりません。

出荷バースエリアの貨物管理

ピッキング作業から検品、梱包、出荷にいたる流れをスムーズにすることで庫内の効率化を実現できます。物流センターではピッキング作業に時間がかかり出荷に影響が及ぶということがあります。対策としては、出荷ホームまでの動線のムダを徹底的に省くことになります。出荷頻度の高い物品を出荷ホームに運ぶ際の庫内移動距離は可能な限り短くしたいところです。

そこでピッキング在庫エリア内では、出荷頻度の高い物品を出荷バースに近い場所に集中させます。出荷頻度別に物品の配置を決めるのです。

一般的に出荷頻度の高い物品は出荷バースにもっとも近いところに置きます。頻繁に出荷する物品が出荷バースに近ければ、作業時間や歩行距離の大幅な短縮が可能になります。

次いで中頻度出荷品目、低頻度出荷品目の順に出荷バースに近いところから配置していきます。比較的、出荷頻度の低い物品は出荷バースから離れていても作業の進ちょくに大きな影響を及ぼさないと考えられるからです。

季節波動、曜日波動などに応じてピッキング在庫のレイアウトは適時、変更することも効果的です。季節や曜日などの状況に応じて出荷頻度が変化することがあるからです。また出荷頻度の大きかった物品がモデルチェンジなどの影響で頻度が下がることもあります。出荷量、出荷頻度は適時、チェックする必要があるわけです。

結びに代えて　――もはや「物流業界だけのものではない」物流施設の未来

ますます多機能化する物流施設

「最近、あちこちに物流センターが建設されているのですけれどもどうしてですか」という質問にしばしば出くわします。それも物流関係者以外の方からということが増えています。

「物流センターの外観やインフラはまるで高級ホテルみたいですね。そんなところで働けるならばやりがいもあるでしょうね」という声もよく耳にしますが、これも一般の方の声です。

ネット通販市場の拡大などを通じて「物流」の企業活動における役割や重要度は世の中に広く認知されるようになったと思いますが、それでも「物流」という言葉に気圧《けお》され、なかなか実感の伴うレベルまで理解できないという方も多いのが現状かと思います。

しかし、近年の物流施設の巨大化とそれに伴う進化は、「物流施設とは物流業界だけのものではない」という一見矛盾するような意味合いを持ち始めているともいえるのです。

伝統的な倉庫から脱却し、最先端の建築技術とハイテク技術に支えられた物流センターに進化したことで、物流実務に関わる一連のオペレーションもムダやムラが省けて、効率化、高度化を遂げてきています。これまで手作業中心だった現場が機械化、自動化され、さらには人工知能（ＡＩ）が物流センター全体を制御する「考える物流センター」が誕生することもまもなくの未来に迫ってきています。

しかし、同時に多機能化していく物流施設は、物流センターとしての本来の機能以外の外郭的機能を周辺環境に認知してもらうための高付加価値が求められるようになったのです。具体的にいえば、本書のなかで何度か触れてきたように作業者確保のために送迎シャトルバスを走らせたり、食堂を充実させたり、さらには保育園・託児所やスポーツジム、緑化公園などの併設などがそれに当たります。

もちろん、これらの付加価値には「本来の物流業務には関係ない」「併設施設があっても物流効率が向上するわけではない」といった批判の声がまったくないわけではありません。しかし、いまとなっては、そうした付加価値、併設施設も「物流センターの本来の機能ではないが、社会インフラとしての物流施設には不可欠な追加的機能」となってしまったのです。

それはたとえば、メジャーリーグの「ボールパーク」が「野球を観るだけでなく、食事をしたり、併設されているスポーツジムで運動をしたり、映画を観たり、アトラクションを見物したり、いろいろな楽しみ方がある娯楽の総合施設」であるようなものなのかもしれません。「ロジスティックパーク」も「物流業務に従事する施設であると同時に、ボウリングをしたり、ボルダリングや英会話を楽しんだり、洒落た食堂で時間を過ごしたり、あるいはショッピングしたり、緑に溢れる環境を散歩したりする憩いと娯楽の場」というイメージを拡充しているように思えます。地域活性化や街づくりのランドマークとして広く認識されつつあるのです。

物流施設なしには不動産投資が語れない時代

そしてこのように進化の過程で多機能化を続ける物流施設は、本書で解説してきたように「投資物件」としても、圧倒的な将来性を発揮することになったのです。

オフィス、商業施設、住居施設などの不動産は人との関わり、つまり主として人流のなかで考えられます。人の基本的な営みを衣食住といいますが、不動産とは「住」の部分の象徴であり、オフィスも店舗もマンションも、人流をふまえて立地が選定され、設計、建設されていくことになります。

ところが倉庫や物流センターの主要機能は「モノの保管」です。現在社会では「モノの保管」の司る領域がこれまで以上に拡大してきているのです。「モノ不足」ではなく「モノ余り」の時代となり、珍しくてこれまではなかなか手に入らなかった商品もロングテール在庫として、ネット通販サイトで可視化されるようになりました。人流ではなく、物流の領域に土地の需要も集まり始めたのです。「人のための土地ではなく、モノのための土地」が求められる時代となったのです。

そして、モノの保管にカネも集まることになります。モノを保管する土地は都心にある必要はなく、効率的な輸送ルートや交通インフラがあれば、消費地と直結していなくても大きなハンデにならないというわけなのです。

ある意味、不動産をめぐるパラダイムシフトが物流施設を軸に展開されているともいえるでしょう。これまでの人が集まるところにモノもカネも集まるという常識が、モノを保管する器が出来上がれば、そこにモノだけでなく、人も情報も、そしてカネも集まってくるというわけです。

そうしたこれまでの常識を覆すような異世界転生型のビジネスモデルの激変がＪ－ＲＥＩＴ市場を中心に展開されつつあるともいえるのです。

物流施設が不動産投信に関わるうえでのキモとなることをいち早く実感した人が、次なるチャンスを的確に掴んでいくことができるように思えるのです。Ｊ－ＲＥＩＴに投資するならば、物流施設の開発状況に注目することは外せない選択肢といえるでしょう。

さらにいえば、進化が止まらない物流施設はＤＸが進捗し、スマートシティとのリンクを強めています。物流ロボット、無人トラックや物流センターの庫内システムなどが次世代ＡＩで制御されていくことになれば、「考える物流センター」、そして究極的には都市開発自体に大きく関わる「自律的に考え、成長していくロジスティックパーク」が出現することになるかもしれません。

こうした物流施設を取り巻くパラダイムシフトを「そんな話は夢物語、幻想に過ぎない」と一笑に付す人も少なくないでしょう。現実離れした浮世話くらいにしか思わない人も多いでしょう。

しかし、適者生存の流れのなかで進化を続ける物流施設の現状を目の当たりにすると、そうした物流施設自体があたかも意思を持っているかのように目指す方向を、一概に否定することは難しくなってくるのです。

ただ、この答え合わせはもう少し先のことにしたいと思います。

「はたして、先進的な物流施設を中心とした近未来都市が誕生するのか、そして私たちの物流環境、そして生活環境、さらには日本経済のこれからの行方にどの程度関わってくるのか」という、正解がないかもしれない問いの答えは、著者に課せられた次作までの宿題なのかもしれません。

物流不動産・物流施設の無限の可能性を信じながら

鈴木邦成

著者紹介

鈴木邦成（すずき・くにのり）

物流エコノミスト、日本大学教授（在庫・物流管理などを担当）。博士（工学）（日本大学）。早稲田大学大学院修士課程修了。日本ロジスティクスシステム学会理事、日本SCM協会専務理事、日本物流不動産学研究所アカデミックチェア。ユーピーアールの社外監査役も務める。日本物流学会、日本不動産学会会員。東京都景観審議会委員、大田区景観審議会委員、電気通信大学などの非常勤講師（経済学）も歴任。
物流不動産ビジネスの草創期から学術、実務の双方の視点から主要企業の動向を継続的にウォッチしてきた。専門は、物流・ロジスティクス工学、物流不動産。主な著書に『シン・物流革命』（幻冬舎）、『物流DXネットワーク』（NTT出版）、『基礎からわかる物流現場改善』『入門 物流現場の平準化とカイゼン』『入門 物流（倉庫）作業の標準化』『お金をかけずにすぐできる事例に学ぶ物流改善』『トコトンやさしい物流の本』『トコトンやさしいSCMの本』（いずれも日刊工業新聞社）、『すぐわかる物流不動産』（公益社団法人日本不動産学会著作賞受賞、白桃書房）などがある。

J-REITは「物流」で儲けなさい！

2023年12月15日　第1刷発行

著　者　鈴木　邦成
発行人　後尾　和男
発行所　株式会社玄文社

【本　社】〒108－0074　東京都港区高輪４－８－11
【事業所】〒162－0811　東京都新宿区水道町２－15　新灯ビル
TEL　03－5206－4010　FAX　03－5206－4011
http://www.genbun-sha.co.jp
e-mail：info@genbun-sha.co.jp

編　集　新井京子
印刷所　新灯印刷株式会社